河北歷史
文化遺存

河北大學燕趙文化高等研究院
INSTITUTE FOR ADVANCED STUDY OF YANZHAO CULTURE,HEBEI UNIVERSITY
成果文庫

河北大学华北学·华北地区文化传承
与发展研究丛书

河北省重点高端智库
河北省文化产业发展研究中心

河北历史文化遗存

档案优选

【第一辑】

农长春　杜浩　主编

河北大学出版社

出 版 人：朱文富
责任编辑：张　磊
装帧设计：王占梅
责任校对：兰彩红
责任印制：常　凯

HEBEI LISHI WENHUA YICUN DANGAN YOUXUAN DIYIJI

图书在版编目（CIP）数据

河北历史文化遗存档案优选 . 第一辑 / 衣长春，杜浩主编. -- 保定：河北大学出版社，2022.5
ISBN 978-7-5666-2000-2

Ⅰ . ①河… Ⅱ . ①衣… ②杜… Ⅲ . ①文化遗存（考古学）—档案—汇编—河北 Ⅳ . ① K872.22

中国版本图书馆 CIP 数据核字 (2021) 第 276637 号

出版发行：河北大学出版社
地址：河北省保定市七一东路2666号　邮编：071000
电话：0312-5073019　0312-5073029
网址：www.hbdxcbs.com
邮箱：hbdxcbs818@163.com
经　　销：全国新华书店
印　　刷：保定市正大印刷有限公司
幅面尺寸：210 mm×285 mm
字　　数：420 千字
印　　张：25.25
版　　次：2022年 5 月第 1 版
印　　次：2022年 5 月第 1 次印刷
书　　号：ISBN 978-7-5666-2000-2
定　　价：268.00 元

序

《河北历史文化遗存档案优选（第一辑）》是对华北历史文化遗存进行调查整理与开发研究后的初步成果，本书旨在系统梳理和分析华北，特别是河北地区的历史文化遗存，从历史遗存的角度入手，对燕赵文化进行重点解读，推动燕赵文化研究。

河北历史遗存丰富多样，是人类宝贵的文化遗产，本书服务于华北历史遗存与燕赵文化研究课题，重点围绕燕地乃至京津冀地区的古文化遗存及其相关内容展开，形成系统性的学术认知，同时还实现了将华北历史文物遗存数字化呈现和科研成果的应用性转化。本书的调查、整理乃至开发之内容，不仅属于燕赵文化探索的应有之义，还有着较强的独特性和根源性。在扎实的历史研究的基础上，对于眼下河北省的文化建设及文化旅游产业开发均具有重要的现实价值，尤其是对于重塑燕赵文化的标识性品牌具有格外关键的意义。

衣长春

第一部分

文物古迹

第二部分 非遗工艺

第一部分
文物古迹

文物古迹，即物质文化遗产中的不可移动文物，是遗存在社会上或埋藏在地下的历史文化遗物和遗迹，具有历史价值、艺术价值和科学价值。

明长城
（乌龙沟段）
保定市涞源县

MINGCHANGCHENG
WULONGGOUDUAN
BAODINGSHI LAIYUANXIAN

河北历史文化遗存档案表
（物质文化遗产类）

档案号：HWB0001　　　　　建档时间：2020 年 9 月

编号	项目	内容
1	所在地	河北省保定市涞源县烟煤洞乡唐子沟村
2	年代	明代
3	类型	不可移动文物
4	文物级别	世界文化遗产
5	文物简介	乌龙沟长城位于河北省涞源县，全长约 150 公里，跨 12 个乡镇，西接山西省平型关以南的下关，东北入涞水县。乌龙沟长城建于明万历年间，是在蓟州总兵戚继光的主持下，为防止北方游牧民族南下东出而修建的军事防御工事，属内长城的一部分。乌龙沟长城以保存完整著称，现存的 72 座敌楼中，有 62 座保存完好，从五六百年前至今，昂然矗立，风采依旧
6	调研报告	1 份，包括调研背景、调研情况、文化资源、现存问题等内容，约 3000 字
7	建筑遗存照片	5 张
8	保护现状照片	4 张
9	历史见证照片	6 张

调研报告

采访对象

乌字号长城保护站站长　李勇

涞源县文旅局文物所所长　安志敏

报告撰写

吴宇婧　谷明远

一、调研背景

长城是1987年中国第一批被列为世界文化遗产的伟大历史遗迹，是人类文明史上最伟大的建筑工程，也是世界上修建时间最长、工程量最大的一项古代防御工程。长城蜿蜒绵亘达2万公里以上，跨越了15个省、市、自治区，而河北则是中国长城最有代表性的地区之一，在中国长城史上占有十分重要的地位。从战国时期开始到明代，各个朝代的长城在河北都有遗址，其中金代以前修筑的长城约3000公里，现存地表遗存约1200公里，明代修筑的长城约2000公里。

具体而言，河北的长城分布于省内北部、中部、西部和南部的广大区域，东起渤海之滨，顺燕山而西，横跨冀北山地、坝上草原，又向南纵贯太行山脊，经过秦皇岛、唐山、承德、张家口、保定、廊坊、石家庄、邢台、邯郸等9市、54个县区。

中国保存较好的长城大部分都在河北，河北长城不仅极具代表性，而且河北长城的造型、类型、资料都十分丰富。除广为熟知的金山岭、山海关等长城遗址外，河北省境内还有许多亟待保护的长城文化遗存，以涞源县乌龙沟长城为例，独具特色的建筑特点、较为完整的保存现状和在历史长河中散落的文化基因构成了其丰富的文化资源属性，对以乌龙沟长城为代表的长城历史文化遗存的调查、挖掘、整理与研究，对文化资源的保护和价值转化具有重要意义。

二、调研情况

（一）概况

乌龙沟长城位于河北省涞源县，全长约150公里，跨12个乡镇，西接山西省平型关以南的下关，东北入涞水县，于明万历元年（1573年）开始修建，竣工于明万历二年（1574年）秋月。

为避免再次出现游牧民族绕道京师以南攻打京师的情况，明万历年间进一步加强了内长城的修建，乌龙沟长城即是在此背景下，由时任蓟州总兵的戚继光主持修建的，其主要作用是防御从宣化、蔚县出发，经飞狐口、东团堡，沿乌龙河而下的来犯之敌。

（二）建筑特色及保存现状

涞源县境内的长城皆设置有门牌号，乌龙沟一带的长城为乌字号，并在敌楼上设乌字号牌，长城有旗杆石，可以用旗语传递信息，在外侧迎敌面有孔洞，并装有火药便于杀伤敌人。敌楼为空心，可以放置火器，敌楼边设有城堡，并有居住遗址。乌龙沟长城以保存完整而著称，现存的72座敌楼中，有62座保存完好，从修建至今，始终未遭受过大规模的破坏，有的部分甚至比近年来重修的长城还要完整。从五六百年前至今，始终是这个模样，甚至比北京近年来重修的长城还要完整。敌楼在游牧民族重点攻击的区域分布密集，尤其是在一些山谷地区两侧的沿山区域，多为拱券砖石结构建筑，建材一般是就地取材，并且掺杂当地的石灰岩物质加固，部分敌楼还能发现曾经安装门窗的痕迹。此外，乌龙沟长城的敌楼相当密集，共有乌字号敌楼72座，其中砖砌空心敌楼54座，在1公里的范围内就有十几座敌楼，最近的敌楼仅相隔几十米。部分敌楼前伸，似乎是前哨，与后面和侧面的敌楼互为依托，这种形式的长城在其他地方从未出现过。部分敌楼前凸作为前哨，起到类似瓮城的作用，与侧翼的敌楼互为依托，构成整体防御，而这种形式的防御体系在其他地方并不多见。

（三）修复及保护

相对而言，乌龙沟长城的人为破坏痕迹较少，除部分敌楼存在少量顶部铺房被拆的情况外，几乎完好无损。敌楼的城墙有9处因雷击、水冲、自然坍塌等原因残毁，其余63座完好或基本完好。河北省涞源县唐子沟村村民李凤鸣从1988年开始担任乌字号保护员，义务保护古长城。2001年7月，乌龙沟长城被国务院确定为全国重点文物保护单位。2015年，李凤鸣的儿子李勇接过保护员一职，他每月巡逻长城两次，检查风化情况并及时上报，还进行了清理垃圾、劝阻刻画、举报破坏行为等工作，并拍摄了众多记录长城的照片。另有长城爱好者将李勇家的宅院进行翻修，创建了乌字号长城小站和长城·抗战陈列馆，主要工作是保护古长城的文物和印痕。由于乌龙沟长城禀赋较好，国家曾拨款450万元对其进行抢险加固，并对重点危险段进行了修缮。

李勇接替父亲巡护古长城后，逐步有了一系列新的发现，如发现了乌字号匾额。2017年，随着扶贫攻坚工作在唐子沟村开展，其他村民们大都搬到了县城居住。可李勇一家却放弃了国家补贴，选择继续住在唐子沟村守护着古长城。由于集体搬迁，村民的房屋均被拆除，导致当年村民捡来的长城砖大多遗失，李勇从一片片砖石瓦砾中勉强抢救出了一部分。随着乌字号长城的影响力逐渐扩大，以及广大学者对长城文化研究的深入，众多长城爱好者、长城小站的卫士们和中国长城协会的专家纷纷开始配合李勇开展一系列相关活动。2018年，中国长城协会在唐子沟村举行会议，来自全国各地的专家、学者齐聚一堂，相互交流保护长城的经验和方法，探讨长城所承载的历史与文化。同年，在长城小站的帮助下，李勇在守护站的外围及往来长城的重要通道上都安装了摄像头，从而实现了在手机端就可以随时查看长城的时实画面，当遇到不听劝说、执意破坏长城的人，李勇便可及时与涞源县文物局和当地派出所联系。近年来，随着人们文保意识的逐渐增强，对长城的保护工作也开展得越来越顺利。

三、文化资源

（一）历史见证物

与乌龙沟长城有关的历史见证物包括各种

实物，如火铳、乌字号匾额、石雷、石炮、腰刀、长城砖等，以及大量的照片资料。

（二）历史名人

1. 戚继光

戚继光任蓟州总兵时，曾总理蓟州、昌平、保定三镇练兵事，乌龙沟长城便是在戚继光的主持下修建的。戚继光在修建长城的过程中，依据“因地制宜、用险制塞”的防御理念，在个别地方加修了支墙、障墙和挡马墙，主要结构为砖石或砖石木，这使得乌龙沟长城设施完备、固若金汤、布局严谨、攻守自如。不仅如此，在加固城墙的同时，戚继光还着重修建了空心敌台。

2. 威廉·盖洛

1908年11月，美国地理学家、探险家威廉·盖洛曾到访乌龙沟长城。其间，他不仅完成了对长城沿线的考察，还拍摄了著名的“十一月的水口”等5幅长城照片，并在墨尔本完成了有关长城的调研报告，让世界了解了中国的长城。

（三）战斗英雄故里

乌龙沟长城所在的涞源县烟煤洞乡唐子沟村是抗美援朝时期的战斗英雄李培禄的故乡，李培禄曾参与过抗美援朝战争中奇袭白虎团的战役。

“白虎团”即南朝鲜首都师第一团，为1946年南朝鲜首批组建的8个团之一，一度享有“国军主力”的美誉，是首都师的王牌团，曾在“三八线”以北的襄阳守备战中一战成名，被韩国总统李承晚授予“虎头旗”，因此得名白虎团。白虎团原名南朝鲜首都师第一团，是1946年1月南朝鲜首批组建的8个团之一，享有“国军主力”的美名，是首都师的王牌团。在“三八线”以北的襄阳守备战中一战成名，曾被韩国总统李承晚授予“虎头旗”，从此得名白虎团。1953年7月金城战役打响，中国人民志愿军准备奇袭白虎团，在向白虎团团部挺进时，考虑到大部队行动容易暴露目标，于是组建了一支13人的侦察小分队，在副排长杨育才的率领下直插白虎团团部，李培禄便是侦查小分队中的一员。最终，这支小分队不仅缴获了白虎团团旗，而且无一伤亡。

四、现存问题

（一）交通区位因素阻碍影响力的提升

乌龙沟长城位于涞源县烟煤洞乡唐子沟村，该村位置偏僻，周边无大型村镇。在国家施行扶贫搬迁政策后，除李勇一家外，该村已无其他村民居住。此外，乌龙沟长城所在地通行不便，仅有一条一车宽的水泥路。地理位置和交通条件的制约，是造成乌龙沟长城知名度不高的主要原因。

（二）生态保护与开发存在矛盾

目前，保存完好的长城建筑遗存成为乌龙沟长城吸引众多户外爱好者的重要因素，但因文物保护的客观要求及其本身脆弱的生态环境和旅游承载能力的不足，以至于现阶段并不适宜进行大规模的旅游开发。

（三）文化资源的利用率与转化度不高

经调研发现，乌龙沟长城拥有众多极具潜力的文化资源，但这些文化资源并没有被充分地进行利用与开发，在将文化资源所蕴含的文化内涵转化为文创及文化产品方面缺乏思考创新，文化资源的利用率与转化度不高。

（四）缺少开发动力

乌龙沟长城文化资源丰富，且文化内涵深厚，但目前对民间资本的吸引力明显不足，在长城资源开发层面缺少动力。

建筑遗存

乌字号长城局部图

敌楼

敌楼石匾额放置处

敌楼内部空间

敌楼内登道

保护现状

乌字号长城保护站俯瞰图

乌字号长城保护站大门

“全国重点文物保护单位”石碑

长城小站

历史见证

长城·抗战陈列馆

长城砖、腰刀及器具残片等

威廉·盖洛出版的有关长城的书籍

莲花柱顶石和乌字号牌匾

明代守长城时使用的武器

器具残片及刻字石碑

河北历史文化遗存
档 案 优 选

明长城
（紫荆关段）
保定市易县

MINGCHANGCHENG
ZIJINGGUANDUAN
BAODINGSHI YIXIAN

河北历史文化遗存档案表
（物质文化遗产类）

档案号：HWB0001　　　　　　建档时间：2020 年 9 月

编号	项目	内容
1	所在地	河北省保定市易县紫荆关镇
2	年代	明代
3	类型	不可移动文物
4	文物级别	世界文化遗产
5	文物简介	紫荆关位于河北省易县县城西北 45 公里处的紫荆岭上，地理位置险要，它与居庸关、倒马关合称“内三关”，同山海关、嘉峪关一样，都是历史悠久的名关。《畿辅通志》称紫荆关“控扼西山之险，为燕京上游路，通宣府、大同。山谷崎岖，易于戍守”。紫荆关是进入太行山的要口之一，把守着连通山西高原与河北平原的交通要道。紫荆关的东北方向是京畿要地，西面和北面远通山西、宣府两个军事重镇，南面倚靠倒马、龙泉二关，东南方向 90 公里处便是保定府，具有四通八达的区位条件
6	调研报告	1 份，包括调研背景、调研情况、文化资源、现存问题等内容，约 3000 字
7	建筑遗存照片	23 张
8	保护现状照片	5 张

调研报告

采访对象

紫荆关长城保护人　孙仲珍

报告撰写

吴宇婧

一、调研背景

紫荆关长城作为明长城防御体系的重要组成部分，在历史上名声赫赫，自古以来在抵御外族入侵、巩固京师西南防线等方面发挥着举足轻重的作用。1996 年，紫荆关被国务院公布为全国重点文物保护单位。

由于紫荆关长城所代表的军事及人文内涵都极其丰富，因此做好紫荆关长城的保护和维修工作，对于广大学者研究明代历史和长城史，乃至当时的国家边防预警机制等都有着重大的意义。

二、调研情况

（一）概况

紫荆关始建于秦汉，经历代修葺改筑保存至今，已有 2000 多年的历史。紫荆关依山傍水，位置险要，为著名的“太行八陉”中蒲阴陉上的重要隘口，素有“畿南第一雄关”之称。值得注意的是，紫荆关大城套小城的特殊结构在中国长城中独一无二，其主体由 5 座小城组成，以拒马河为界分别为南岸的关城、小盘石城、奇峰口城、官座岭城和北岸的小金城。

紫荆关的关城在秦汉时修筑简略，仅为一座土石夯筑的小城。明洪武年间，著名将领华云龙奉旨对旧城进行改筑，同时修建了紫荆关新城，改用石条做基础，以砖砌面封顶，并用石灰碎石灌注，最终关城被设计成了奇特的梅花形状。此后，明朝历代皇帝都对关城进行过修筑。

1996 年，紫荆关被国务院公布为全国重点文物保护单位。2020 年 11 月 26 日，国家文物局发布《关于印发第一批国家级长城重要点段名单的通知》，紫荆关名列其中。

（二）空间布局

紫荆关长城全长 1 万多米，从地形上来看，其北有拒马河，西临犀牛山，东依万仞山，整体可谓依山就险，依地势而建。紫荆关的关城布局结构复杂，且处于防御的中心位置，旧时有 3 道门。第一道门为紫荆关的关门，位于关城北部，修建在坡下村的峡谷中，城墙紧依拒马河河岸而建，边墙自关门分别向两翼伸展，直抵两山峰顶。正中石匾横书“紫荆关”3 个大字，城门前分别有营房、庙宇各一座。第二道门券上嵌着“畿辅第一雄关”的巨型石匾，东壁上镶嵌着两块石碑，一块为明代参将韩光所作七律诗，另一块为荆坡道人所作《重修紫荆关盘道记》，西坡上还有清圣祖康熙皇帝御笔“天子阅武处”碑碣一通。由此而入，之内的南天门是二重门，两侧有八字墙各向左、右延伸。第三道门又称南门，往内是三重门，坐东朝南，门券嵌有“紫塞金城”4个大字，上款为“万历十七年岁次乙丑孟秋吉量立”，下款为“钦差分守紫荆关参将韩光”。北面有瓮城，旧时城上有“表里山河”匾额，如今门与匾额均已损毁。北门门额的题字共两层，上层题“河山带砺”，下层题“紫荆关”，上款为“万历丁亥夏”，下款为“聊城傅光宅书”。南天门西侧另有自内城通向黄土岭方向的关门一座，面南额题“阳和门”。紫荆关里外城相连，现仍分别保有城门、水门和敌楼。小金城距关城最近，位于关城西北方向，是关城的前哨。奇峰口和官座岭城距关城较远，位于关城的东北方向，是关城侧翼的重要防卫据点。西南方向的小盘石城距关城约4公里，目前仅有老城门和一道残存的长城建筑墙保存较为完整，其余部分自然损坏严重，不堪辨认。

（三）**建筑结构与形制**

明代长城一般由城墙、瓮城、敌楼、马面、关城、关隘、烽火台等诸多种防御工事组成，紫荆关长城也不外乎这几种建筑模式，只是在建筑材料上稍有不同。

1. 城墙

墙体是整个关城防御体系中最基本的防御设施，其直面敌人进攻，具有围合和御敌的作用。关城的城墙总长约12公里，选址均是依据有利地形在冲要处设防。

如今，关城城墙遗址处的个别地方仍可见到旧墙的墙体，材质均是以大型花岗岩条石为基础，内以碎石土填充。北门外附有瓮城，但瓮城结构已损毁，以致长城的整体结构被打破。北门和二重门的修葺材料主要采用黄土和白灰，而新旧城墙则均以花岗岩条石为座，内以碎石土填充，外包青砖砌筑，垛口呈方形。紫荆关关城的城墙高度近10米，顶部的马道足以容纳4匹马同行。

紫荆关长城的墙体建筑除了以关城为代表的砖石混合型外，仅关城周围的几处长城险冲就存在着多种不同类型的墙体。如小盘石长城的修建工艺较为粗糙，多用碎石和沙土，使用的砖块相较于关城的砖块较薄。又如瓦窑关长城的修建工艺与小盘石长城类似，同样工艺粗糙，由薄砖垒砌而成，垛口呈扇形广角状。

紫荆关长城在修建原址时多使用白灰和沙土，据说垒墙时曾用小米的米汤来和灰，使其黏性更足，从而增加稳固性。此后的多次重修仍按原有结构，以砖补砖，以石补石，修旧如旧，不再复建。

2. 瓮城

在整个紫荆关的防御体系中，易受攻击的西、南、北三面外围均筑有瓮城，瓮城的存在不仅提高了城池的纵深防御能力，也弥补了整体防御上的薄弱环节。尤其是北瓮城，在形制、规模上更胜一筹，原本在北瓮城的城内设有两个城门，但如今整体结构已被破坏。

3. 马面

在关城外拒马河的翼墙上，布置了大量的马面用于发现敌情。马面的材质主要为石砌，其三面均凸出于城墙之外，墙顶筑有一雉堞，为条石台基，台基以上用砖砌筑。

4. 烽火台

在关城西北角的蔡家峪现存有两座烽火台，

用于观察敌情，并及时传递情报。烽火台的建筑剖面为正方形或长方形，是砖石砌筑的实心结构。

（四）历史沿革

紫荆关在秦汉时被称为“上谷关”，北魏时被称为“子庄关”，隋唐时被称为“白壁关”，后来改称为“蒲阴陉”，宋初被称为“金坡关”，后改称“紫荆关”，并一直沿用至今。

紫荆关自古便为兵家必争之地，历史上在这里曾发生过多次战争。如汉伏波将军马援曾在此伏击乌桓大军，迫使其北遁；宋元之际，成吉思汗因攻居庸关不克，故令哲别佯攻，自领精兵突袭紫荆关而入，夹攻居庸关得手；明英宗土木之变后，蒙古瓦剌部也曾攻破紫荆关进逼北京；抗日战争时期，紫荆关一带是抗击日本侵略者的重要战场。

三、文化资源

（一）历史文献

关城城门的匾额题字，以及城墙附近留存的诗词都是研究古代社会时代背景变迁的重要文字材料，尤其对于研究明代长城修筑和军事布局有着重要的史料价值。

（二）建筑艺术

紫荆关长城的墙体建筑工艺水平和技术十分高超，除了以关城为代表的砖石混合型外，还有土墙、碎石墙等多种墙体类型。此外，墙体加工、加固的方法和技术更是古代劳动人民智慧的结晶，这对于研究古代长城修筑的工艺发展和艺术特点具有重要作用。同时，紫荆关长城的敌台、烽火台、马面等景观还具有独特的旅游观赏价值，是中国古代建筑艺术的瑰宝。

（三）社会教育资源

紫荆关长城所蕴含的社会教育资源十分丰富，历史上各个朝代英勇抗击外敌、保家卫国的英雄事迹均具有深刻的社会教育意义，同时对于传播和弘扬我国古代的历史文化也具有极为重要的作用。

四、现存问题

（一）交通区位因素阻碍影响力的提升

紫荆关长城位于河北省易县西北部，位置较为偏僻。虽处于对外开放的状态，但周边村庄的发展较为落后，景点的基础配套设施不足，从而大大降低了紫荆关长城的影响力。

（二）文化资源的利用率与转化度不高

经调研发现，紫荆关长城的众多文化资源没有被充分地利用与开发，尤其是在将文化资源所蕴含的文化内涵转化创意产品方面乏善可陈，加之配套的基础设施建设等方面较为欠缺，文化资源的利用率与转化率不高，且未设立相关的长城文化博物馆。

（三）生态保护与开发存在矛盾

紫荆关所在村镇的部分地段已被当地百姓改造为民宅或仓库，不利于对紫荆关长城进行大规模的修复。同时，在长城遗址附近堆积了大量的生活垃圾，且很多植被和树木遭到砍伐，部分山林已被开发，原有的生态环境遭到了破坏。

建筑遗存

关城

关城的城门

登上长城的坡道

兵楼遗址

长城垛口

长城水槽

关城的城墙遗址

小金城的城门

“紫塞金城”石匾

小金城城门的门闩孔

拴马桩

城楼地基遗址

小金城

瓦窑关遗址

小盘石长城

保护现状

紫荆关长城保护站

紫荆关长城保护站的监控室

“河北省重点文物保护单位”石碑

“全国重点文物保护单位”石碑

长城保护界桩

清西陵

保定市易县

QINGXILING

BAODINGSHI YIXIAN

河北历史文化遗存档案表
（物质文化遗产类）

档案号：HWB0002　　　　　建档时间：2020 年 11 月

编号	项目	内容
1	所在地	河北省保定市易县梁各庄镇以西 15 公里处
2	年代	清代
3	类型	不可移动文物
4	文物级别	世界文化遗产
5	文物简介	清西陵是清代自雍正起 4 位皇帝的陵寝之地，始建于雍正八年（1730 年），完工于民国四年（1915 年）。其以大量的实物遗存和文字史料，从不同侧面展示了 18 世纪 30 年代至 20 世纪初期中国陵寝建筑艺术风格及皇家宗教信仰的重大发展及变化，对中国古代陵寝建筑艺术的创新与发展有着重要贡献，具有清代以前各代陵寝建筑都无法替代的历史、艺术、科学和鉴赏价值，是中国传统文化艺术的博物馆
6	调研报告	1 份，包括调研背景、调研情况、文化资源、现存问题等内容，约 4000 字
7	建筑遗存照片	82 张

调研报告

采访对象

清西陵文物管理所　冀艳明

报告撰写

曹宁

一、调研背景

清西陵是清代自雍正起4位皇帝的陵寝所在地，分别为雍正皇帝的泰陵、嘉庆皇帝的昌陵、道光皇帝的慕陵和光绪皇帝的崇陵。清西陵地处丘陵地带，始建于雍正八年(1730年)，完工于民国四年(1915年)。陵区内古松参天，四季常青，金色的琉璃瓦宫殿和绿色的园林植被相互交错融合，共同勾勒出了一幅美丽的画卷。作为世界文化遗产，清西陵代表了自18世纪30年代到20世纪初，中国古代陵寝建筑技艺的最高水平，堪称中国传统文化艺术的博物馆。

此外，清西陵对研究满族的民俗文化也提供了一定程度的帮助。由于清西陵的修建，大批满人移居至此，专事祭礼和陵寝管理的相关工作。历经近300年的风雨，在历史的长河中，几十座护陵营房时至今日虽已沦为村落，但大部分仍保留着清代建筑的基本格局，围墙、大门、衙署、庙宇、街道等建筑的原始风貌均得以留存，甚至守陵人的后裔们如今仍保有着该族群独特的方言特点、饮食文化、礼仪歌舞等民族特征。

在清西陵的各陵寝中，早期的泰陵和昌陵具有完备恢宏的陵寝规模，清晰地印证了清王朝全盛时期的辉煌。而自慕陵起，建筑规模开始削减，崇陵则更甚。可以说清西陵的修建规模与清王朝由盛至衰的历史过程密不可分。

作为世界文化遗产，清西陵不仅是工艺精湛、规模宏大的建筑群，更是一座人文艺术和历史文献的宝库。传统建筑风格和人文理念在此得到了充分的诠释和体现，对历史、艺术、民俗、文物保护等多领域的研究都具有极其重要的意义。

二、调研情况

（一）概况

清西陵位于河北省易县梁各庄镇以西15公里处的永宁山下，陵园内有雍正的泰陵、嘉庆的昌陵、道光的慕陵和光绪的崇陵，另有3座后陵，此外还有怀王陵、公主陵、阿哥陵、王爷陵等共14座陵墓。清西陵总面积800余平方公里，建筑面积5万余平方米，包含宫殿1000余间，石雕刻和石建筑100余座。

在建筑风格方面，修建清西陵时大体沿用明代帝后妃陵寝的建筑样式，依照并参考清官式做法，在严格遵守封建等级制度的同时又不拘泥于典制，可谓独具匠心。1961 年，清西陵被国务院列入第一批全国重点文物保护单位；2000 年 11 月，清西陵被列为世界文化遗产；2001 年 1 月，清西陵被评为国家首批 4A 级景区；2019 年 12 月 31 日，文化和旅游部确定清西陵为国家 5A 级旅游景区。

（二）建筑特色

在清西陵的陵区内，祖山、石牌坊、大红门分别将各陵园连接在一起，周围采用风水围墙、火道、界桩环绕。陵寝的主从布局错落有致，以历代帝陵为中心，后陵及妃园寝分别建于左右，各自独立成区，凸显出妃子与帝王的主从附属关系，也阐明了陪葬之意。各帝陵神道均与主陵神道相接，后陵神道又与本朝帝陵神道相接，在整体上构成枝状的神道网络，可谓是前所未有的创举。整个陵区以清世宗雍正帝的泰陵为中心，清仁宗的昌陵和清宣宗的慕陵分布于西面，清德宗的崇陵、溥仪墓，以及诸公主、阿哥园寝和永福寺等建筑分布于东面，每座陵寝均严格遵循清代皇室建陵制度，皇帝陵、皇后陵、王爷陵采用黄色琉璃瓦盖顶，后妃、公主、阿哥园寝均为绿色琉璃瓦盖顶。

总体来看，清西陵各陵区的建筑布局和设置大致相同，以下就所调查的 5 处建筑的突出特点进行简要介绍。

1. 泰陵

泰陵是清西陵中的首陵，建造年代最早、规模最大，风水格局最为完整。泰陵位于清西陵陵区的中心位置，其余各陵分布在其东、西两侧，形成一个四合院式的布局。泰陵除了埋葬着世宗皇帝外，一同合葬的还有孝敬宪皇后和敦肃皇贵妃。过了一座五孔桥，映入眼帘的是 3 座高大的石牌坊，其下是一条宽 10 余米、长 2.5 公里的泰陵神道。在通往陵寝的神道两侧安设了 5 对石像生，分别为武将、文臣、骏马、大象和狮子。之后依次排有石牌坊、大红门、具服殿、圣德神功碑楼、七孔石拱桥、石像生、隆恩门、隆恩殿、方城明楼和宝顶等一系列建筑和石雕刻。其中，隆恩殿看似朴素，实则花费巨大，殿内及旁边的东、西配殿的用料均为金丝楠木，建造风格壮美绝伦。正殿为隆恩殿，面阔五间，进深三间，重檐歇山式，顶覆黄琉璃瓦，下檐重昂，下檐单翘，木质卯榫结构对接。明柱沥粉贴金包裹，殿顶有旋子彩画，梁枋装饰金线点金，枋心彩画书“江山统一”和“普照乾坤”。

2. 昌西陵

昌西陵内安葬着嘉庆皇帝的第二任皇后孝和睿皇后，因位于昌陵西面而得名。其整体风格较为朴素，建筑最少，形质最低，但简约而不简单。隆恩门以内的建筑，按照前后顺序依次增高，陵寝围墙前方后圆，意味着“天圆地方”。在方台上直接建圆形坟冢，没有方城明楼，规制虽朴素简陋，却有着其特殊之处。通常情况下，清代皇陵的龙纹藻井彩画多为三点水纹衬以十八点金点的水浪花纹，而昌西陵的隆恩殿则与众不同，彩绘的是金凤展翅，做工精细，栩栩如生。此外，隆恩殿与陵寝门之间建有 3 座桥，其他皇陵之中的桥多为拱桥，或带有栏板的平桥，而昌西陵的这 3 座桥是中间有素面栏板，左、右两侧均无栏板的平桥，这在清代 7 座皇后陵的建筑中是最为独特的。三座门前的围墙为方形，之后的北墙为圆弧形，切入三座门的直墙上。圆形宝顶毫立于北弧墙之前，祭台立于三座门的中门内，弧形墙面结构所产生的回音壁、回音石等回声现象是中国陵寝建筑中的孤品。位于宝顶月台前，神道中间往南数的第七块石板正是一块回音石，可将声音放大多倍传出。昌西陵的回音壁和回音石结构是清代建筑学家将声学原理用于陵寝建筑的新创造。

3. 慕陵

慕陵是道光皇帝的陵寝，规制比较特殊，与其他帝陵都不相同，基本上不遵从祖陵制度，是清代所有帝陵中规模最小的一座。慕陵虽没有方城明楼、大碑亭、石像生等建筑，但其工程和花费却远超其他帝陵。慕陵在修建时特意简化，甚至节俭得有些寒酸，仅有建筑 27 座，占地 45.6 亩。其外观虽小，内部却极为讲究，当人们看到慕陵的账目时，不禁倒吸一口凉气，花费竟高达二百四十三万两白银。原来，慕陵的内部是暗藏玄机的。全殿均用金丝楠木修建，不饰油彩，不施彩绘，维持了木料原本的颜色。此外，隆恩殿的建筑工艺巧妙精美，使用了最复杂的垒墙工艺——磨砖对缝，干摆灌浆，墙身平齐。而且，除建筑用料别具特点外，慕陵的建筑格局也有所变化。隆恩殿更是打破以往的惯例，改面阔五间为面阔三间，进深依旧为三间，重檐歇山顶改为了单檐歇山顶。殿四周设有回廊，裁撤了月台和大殿周围的栏板及雕龙头，月台上仅剩铜炉两尊，不设鹿、鹤。同时，道光皇帝还取消了月台上的垒砖，全部改用一大块整石。神道桥也没有遵循三路三孔的惯例，而是变为一路拱桥，另在东、西两侧各设平桥。

4. 崇陵

崇陵为光绪皇帝和隆裕皇后的合葬墓，是中国最后一座封建帝王陵墓。崇陵不仅没有神道与主陵神道相接，甚至为皇帝歌功颂德的大碑楼也没有修建，更不设石像生等建筑。其规模不算庞大，但也吸纳了古代建筑艺术之精华，极具特色。在设计上，崇陵具有完善的排水和通风系统，每个宫殿基部都建有 2 米宽的散水，明楼和三座门前更是分别挖砌了御带河，在地宫内凿有 14 个水眼与龙须沟相通，这些设施都是为了增强崇陵的排水能力。因隆恩殿的木料均采用异常珍贵的铜藻、铁藻修筑，故也有“铜梁铁柱”之美誉。

5. 永福寺

永福寺是明、清两代皇室陵寝群中唯一保存下来的皇家御用寺庙，始建于清乾隆五十一年 (1787 年)。寺内共有 19 座建筑，正中为主体建筑，分三层院落，左、右两侧的僧房由风水墙相隔组成。第一层院落由钟楼、鼓楼、大雄宝殿组成；第二层院落为牌楼、小碑亭、东配殿、西配殿和普光明殿，在牌楼中门的石柱上，阴、阳两面各雕有乾隆皇帝的御书联句，小碑亭位于永福寺的中心，内有石碑一通，碑身阳面刻有乾隆皇帝的御笔碑文；第三层院落中只有一座转角楼房，名为宝云阁。1988 至 1995 年，国家曾拨专款对永福寺进行了全面修缮，这座寺庙可谓是清代皇家陵寝遗留下的绝世孤品。

（三）保存现状与保护情况

陵区内神道上的铺地砖损毁较为严重，多有缺失和磨损，整个地面凹凸不平。各陵区的大殿内均已不是原始陈设，大殿内的彩画部分虽仍保留着原始状态，但已脱色，看不出原有的纹饰，部分彩画后期经过了修复，较为清晰。木构件皆为原始材料，木雕刻十分精美，虽有损毁或模糊的情况，但仍能体现当时的高超制作工艺。石雕刻除人工损毁外，其余皆保留至今，且纹饰清晰、形状完好。

总体而言，目前清西陵正处于有史以来最

大规模的文物修复保护阶段，故而各陵区有多个建筑正处于维修状态，这些建筑尚无法探明其保存状况。其余建筑多为历史原状，对破损严重的，早年都已有修复，或处在持续保护加固状态。

自新中国成立以来，清西陵文物保护工作得到了当地政府的高度重视。1954 年，西陵文物保管所成立，隶属易县文化局；1987 年 6 月 5 日，划归保定地区行署文化局，并改为文物管理处。2012 年 11 月，成立了中共保定清西陵保护区工作委员会和保定清西陵保护区管理委员会。多年来，国家和省市文物、旅游部门及各界人士对于清西陵的保护工作给予了高度关注和鼎力支持。“十二五”时期，多项文物保护工程全面实施，国家文物局更是把清西陵列入全国文物维修的样板基地。2012 年 3 月 28 日，清西陵全面启动保护维修工程，计划实施保护维修项目 33 项，其中文物本体保护维修项目 16 项，安防、避雷、消防系统综合工程项目 3 项，基础工作项目 6 项，其他项目 8 项，先后投入资金 6.9 亿元。2020 年 6 月，保定市出台了《保定市清西陵保护条例》，全面推动文物保护走上法治化轨道，该《条例》已于 2021 年 1 月 1 日起正式施行。

三、文化资源

清西陵是我国现今保存最完整、最原始，且距今最近，陵寝建筑最齐全的古代皇家帝王陵墓群，其历史轨迹表现出了清西陵建筑的细节变化，反映出了清王朝由盛转衰的过程。与其他古建筑相比，清西陵具有不可复制且无法比拟的唯一性和奇特性，是世界级资源实体，是中国陵寝建筑艺术最杰出的代表之一，更是中国古代建筑艺术的巅峰之作。清西陵的建筑形制、各色图案及纹饰的传承与嬗变反映出皇室宗教信仰及心理转变的过程，对于研究中国陵寝建筑史具有重要价值。而清西陵周边的村落，数百年来也传承着满族的饮食、起居、歌舞等丰富多样的民俗文化，丰富了清西陵的文化资源种类。

四、现存问题

（一）旅游文化的局限性

虽然清西陵作为建筑艺术作品具有独一无二的艺术价值，但以陵寝为核心内容的旅游资源受文化局限的影响仍然较大，景区建设层面仍以参观游览为主，对较长时段休闲度假式的文旅空间的开拓相对困难。

（二）周边资源整合不足

对以清西陵为核心的周边旅游资源的整合不足，虽然易县全域的旅游建设成绩斐然，但在旅游线路规划和游客引流等方面仍有较大的提升空间。清西陵与其他热门景区间的互动不足，尚未形成优质旅游资源的整合联动效应。同时，清西陵周边村落所保留的饮食、民俗、手工技艺等非物质文化遗产同样具有较大的开发价值，应对其加强保护，并进行生产性开发，形成清西陵文化旅游圈，从而提升资源价值。

（三）传播导向有待加强

在对外宣传层面，往往是强调清西陵作为皇家陵寝的实体意义，而相对弱化了其文化和艺术价值。游客游览的目的也大多局限于对帝王陵墓的猎奇心理，而对建筑艺术、宗教文化和自然生态等文旅资源的认知不足，导致在对目标受众的深度和广度开发上存在一定短板。

建筑遗存

昌西陵

隆恩门

东朝房

隆恩殿

东配殿

西配殿

隆恩殿内的暖阁

隆恩殿内的拜石

隆恩殿内的顶部细节

隆恩殿门口的香炉

陵寝门

后室全貌

石五供

宝顶

崇陵

五孔石拱桥

神道

牌楼

值房

神道碑亭

隆恩门

方城明楼

礓礤坡

陵寝门

石五供

石五供上的紫翠石

地宫入口的通道

皇帝与皇后的棺椁

皇帝的棺椁

皇后的棺椁

地宫门上的纹饰

顶门的石柱

地宫的排水口

慕陵

五孔石拱桥

神道

隆恩门前的石拱桥

隆恩门

隆恩殿

东配殿

西配殿

隆恩殿内

隆恩殿廊檐下的木雕

隆恩殿大门的木雕

隆恩殿内的顶部细节

陵寝门

宝顶

石五供

泰陵

七孔石拱桥

神道

石牌坊

大红门

龙凤门

下马牌

隆恩门

隆恩殿

隆恩殿内

隆恩殿内的顶部细节

隆恩殿内的龙椅

隆恩殿外的四角螭兽

隆恩殿院内的系绳处

隆恩殿门口的鼎式香炉

陵寝门

石五供

石望柱

石像生

石像生

武官石像生

文官石像生

永福寺

山门

山门的屋顶

钟楼

嘛呢杆

山门的背面

大雄宝殿

大雄宝殿内

普光明殿

普光明殿内

普光明殿内的顶部彩画

左配殿

牌楼

御制碑亭

宝云阁

大运河
（沧州段）
沧州市

DAYUNHE
CANGZHOUDUAN
CANGZHOUSHI

河北历史文化遗存档案表
（物质文化遗产类）

档案号：HWB0003　　　　　建档时间：2020 年 11 月

编号	项目	内容
1	所在地	河北省沧州市
2	年代	春秋时期至清代
3	类型	不可移动文物
4	文物级别	世界文化遗产
5	文物简介	纵贯中国南北的京杭大运河是世界上里程最长、工程最大、最古老的运河之一，是古代中国连接南北方的水路大动脉，是中国人民汗水和智慧的结晶，如今已被列入世界文化遗产名录。京杭大运河将中国的南北文化系于一脉，对南北经济的发展起到了极大的促进作用，对形成既兼收并蓄又开放包容的中华文化也具有极其重要的意义。大运河沧州段全长 215 公里，其中位于现在主城区的河道有 13.7 公里，河道蜿蜒曲折，鲜明地呈现着南运河“三弯抵一闸”的古老形态。同时，沧州因大运河而兴，大运河两岸留有众多的历史遗迹，人文底蕴深厚，大运河沧州段也因此成为南运河上最具代表性的河段
6	调研报告	1 份，包括调研背景、调研情况、文化资源等内容，约 3000 字
7	建筑遗存照片	6 张
8	保护现状照片	1 张

调研报告

报告撰写
张育祥

一、调研背景

大运河在2000多年的历史进程中，以其“舟楫之利，以利不通”，带动了两岸经济、文化、社会的高度发展，留下了丰富的历史文化遗存，孕育了一座座名城古镇，积淀了深厚悠久的文化底蕴，形成了一条横亘南北的遗产长廊。可以说，建设大运河文化带，助力地区发展转型升级，已成为社会共识。

大运河以流动的雄姿，创造了人类文明的伟大成就。历史上的大运河曾是沟通南北的水道，发挥着漕运功能，它不仅拉动了中国南北方经济文化的交流与发展，见证了无数沿岸城镇的兴盛，还经历了无数个时代的更迭。现如今，大运河不仅依然承担着南水北调东线工程的重任，更是以其沿岸传承千年的丰富文物和非物质文化遗产，形成了一条横亘南北的文化遗产长廊。

伟大的工程由伟大的人民创造，也铸就了伟大民族的精神气质。大运河的开凿，展示着中华民族的智慧与勤劳，又在文化融合发展的历史进程中形成了独特的大运河文化带。河北是大运河流经的重要省份，是在大运河发展史上留下过浓墨重彩的历史记忆、创造了丰富文化的一片热土。大运河河北段流经5市及雄安新区，周边以耕地、林地为主，生态环境良好，直接服务京津冀协同发展、雄安新区规划建设等国家战略和国家大事，将形成京津冀联系发展及雄安新区连接京津的水路文化景观通道，区域战略意义重大。沧州市作为河北省的4个国家级核心展示园之一，已经成为开辟大运河，发展新格局，描绘大运河河北段自然之美、人文之光的重要节点。

二、调研情况

（一）概况

大运河沧州段位于河北省沧州市中部，南北贯穿沧州市域，为海河流域漳卫南运河水系的一部分。大运河沧州段全长215公里，约占京杭大运河总长度的七分之一，起于吴桥县第六屯村村南，沿途流经吴桥、东光、南皮、泊头、沧县、运河区、新华区、青县等8个区县，止于青县李又屯村村北。大运河沧州段保持了河道的原始形态，可谓是沿线生态价值、环境价值的鲜明典范。

作为活态遗产标志的大运河，承载着众多历史和现实功能，具有跨区域、历史与现实交融、自然与人文集于一身的特点，具有相当的复杂性和多维性。目前，沧州市对于大运河文化经济带的建设规划已逐渐步入正轨，在着重对大运河非物质文化遗产进行保护和开发的同时，还通过举办旅游文化节、拍摄影视作品等方式提高大运河文化的影响力，但在发展大运河文化的过程中仍面临着诸多挑战。

（二）流域特色

1. 吴桥运河

吴桥位于河北省东南部的冀鲁交界处，京杭大运河贯穿全境。吴桥杂技最早可溯源至汉代，大运河贯通后，漕运兴盛，两岸日益繁华，带动了沿河流域的码头和城镇的兴起。宋代以后，一度被囿于宫廷的吴桥杂技艺人走入民间，使得杂技艺术得到了广泛传承和发展。

吴桥杂技艺人王宝合是国家级非物质文化遗产项目传承人，他曾说，近代史上运河流域的沿岸城镇出现过许多著名的艺人活动聚集区，如北京的天桥、南京的夫子庙、天津的“三不管”等地，江湖艺人将其称之为“杂八地”，而在这些“杂八地”上打把式卖艺的杂技艺人中几乎都有吴桥人。吴桥杂技艺人沿大运河走出家乡，北上南下，甚至远涉重洋，享誉海外。

如今，贯穿吴桥的大运河河水几近干涸，那些江湖艺人在运河码头撂地表演的场景早已不复存在，可吴桥杂技依然在蓬勃发展。2006 年，吴桥杂技被列入第一批国家级非物质文化遗产名录，吴桥艺人们正在以一种新的形式传承着传统技艺。

2. 泊头运河

直隶地区是明清时期京杭大运河流经的重要区域，其境内的沧州、衡水、景县、故城、东光、南皮、吴桥等地均深受大运河文化的影响。泊头在明清时期虽仅为镇建置，却曾是明代北河工部分司、河间府管河通判、交河与南皮管河主簿的驻地，河政地位尤为重要。同时，在地理区位上，泊头位于京杭大运河的中枢，可谓是“衡水东环，滹沱西绕，北负瀛海，南抱广川，地势平衍水陆之冲”，有着独特的区位优势，吸引了大量的商人、商船、商帮前来开展贸易，逐渐成了河北重要的漕运码头和经济中心，被誉为“运河巨镇”。此外，在漕运贸易的影响下，泊头的民间文化也带有浓厚的运河色彩，体现了一种贯通南北、融汇东西、兼容并蓄的包容与开放，在商品贸易中出现了诸如泊酒、泊梨、泊铁、泊火等全国知名的地方特产。

如今的泊头市建于 1982 年，其主体为古代的交河县。明、清两代的泊头为镇建置，又称泊镇，曾先后分属交河、东光、南皮管辖，其中属交河县管辖的时间最长。这种“一镇多县”的管理模式，一方面反映了泊头镇政治地位的重要性，另一方面也从侧面体现了当地商业繁荣、人口众多、漕运繁忙的特点。

交河县源于北宋熙宁年间的交河镇，金大定七年 (1167 年) 置县，属献州，因境内滹沱、高河二水相交而命名。该县周边水文环境复杂，漳河、卫河、洚河、沙河、倒流河、三岔河等交错分布于境内。据史料记载，明洪武十年 (1377 年)，交河县并入献县。明洪武十三年 (1380 年)，交河县复置，隶属河间府管辖。明洪武二十五年 (1392 年)，交河知县武聪于县东五十里设新桥驿，得名“泊头驿”，随着运河的贯通与漕运的发展，逐渐成为一方巨镇。明洪武二十九年(1396年)，张世廉置富庄驿，该举措使交河与泊头分别成为南、北交通枢纽。一时间，商旅云集，人烟辐辏，朝廷为此还特设了新桥与泊头二巡检司，以便“扼要道，验关津，必士民之乐业，致商旅之无艰”。交河县境内河流纵横，其中以卫运河最为重要。卫运河又名御河，是明清时期的漕运冲要，每年通过此航道的漕船、商船、民船不计其数，南来北往的客商将货物贩运于运河沿岸的各个市镇。据《重修河间府管河厅公署记》载：“运河自山东入郡界，逶迤而北至于天津，上下盖数百里，储峙之所灌输，朝员之所往来，冠盖之所络绎，至冲要也。”另有《交河县志》载：“卫河，一名御河，在县东五十里，自东光流入县界，经泊镇入青县界，漕运经此。”由此可见，纵观明、清两代，卫运河承担着河间府诸州县的漕运重任。

至清康熙、雍正两朝，直隶地区基本形成了固定的河务管理体制，且多数形成定制。泊头镇一直作为河间府管河通判的行台，发挥着抗洪抢险、筑堤建坝、截流分洪、调集夫役物料的作用，在明、清两代的河政史上扮演着重要角色。

除河道管理制度外，明清时期河间府与交河县的河防夫役政策也曾发生过很大的变化。作为保障河防安危的重要人员，河防夫役制度经历了从明代的徭役制，到清代的河兵制与徭役制相结合的嬗变过程，这既体现了河防制度逐渐走向制度化与专业化，同时也反映出封建政府已经意识到了河防对沿岸百姓所构成的负担，希望通过征银的方式来取代力役，以保证河政管理与农业生产之间并行不悖。

就北直隶地区而言，尽管明、清两代的封建统治者在此地逐步构建起了完善的河政制度，但因这一地区处于“九河下梢”，地形“水网繁复”，因此仍时常发生严重的水患灾害，对国家漕运系统的运行和沿岸民众的生命财产安全构成了巨大威胁。历代中央与地方政府都曾积极组织沿岸民众抗灾救灾、兴修水利，力求保障农业生产，实现区域社会秩序的稳定。

由此可见，明清时期运河城市的发展变迁与国家的漕运系统密切相关，作为河间府和北直隶地区重要的漕运中枢，泊头在经济与文化上都具有自己的鲜明特点。依借漕运码头和管辖之便，成为商贾中心，便利的水陆交通吸引了南来北往的商旅，经济的快速发展又刺激了雕版业与书院的兴起，发达的商业加快了文化的交流与融合，使得泊头运河城镇的优势发挥到了极致。

三、文化资源

大运河文化可谓是运河城市群域性文化的代表，也是中国古代农业衍生发展出的综合性城镇文化。大运河的开凿，在客观上创造了一个新的业态环境，它将若干小的独立或半独立的自然单元贯通为一个整体，并转化为人文环境，其中包括新的自然环境、生态环境、生产环境、物流环境等，形成了著名的运河社会区域经济网。大运河沧州段的历史文化遗存丰富，沿线共有全国重点文物保护单位5处(含7个文物点段)，省级文物保护单位6处，其他历史文化遗存160多处。此外，沿线还有国家级非物质文化遗产10项、省级非物质文化遗产61项。

建筑遗存

沧州大运河航拍

沧州大运河

沧州文庙

清风楼

吴桥运河

兴济镇运河

保护现状

沧州市水功能区标志碑

河北历史文化遗存
档案优选

燕下都遗址

保定市易县

YANXIADU YIZHI

BAODINGSHI YIXIAN

河北历史文化遗存档案表
（物质文化遗产类）

档案号：HWB0004　　　　　　建档时间：2020 年 11 月

编号	项目	内容
1	所在地	河北省保定市易县县城东南
2	年代	战国时期
3	类型	不可移动文物
4	文物级别	全国重点文物保护单位
5	文物简介	燕下都遗址位于北易水和中易水之间，是战国时期燕国的一处重要都城遗址。1961 年，燕下都遗址被国务院公布为第一批全国重点文物保护单位。1973 年，为了加强对燕下都遗址的保护，成立了易县燕下都文物保管所。2001 年 3 月，燕下都遗址被评为中国 20 世纪 100 项考古大发现之一，是“十一五”期间全国百处重点保护大遗址之一，是“十二五”期间全国 150 处重点保护大遗址之一
6	调研报告	1 份，包括调研背景、调研情况、文化资源等内容，约 2500 字
7	建筑遗存照片	14 张
8	历史见证照片	20 张

调研报告

采访对象

易县文化广电和旅游局机关支部书记　方华

易县文物保管所所长　李连柱

易县燕下都文物保管所　刘玉霞

报告撰写

刘凌宇

一、调研背景

燕下都遗址位于北易水和中易水之间，是战国时期燕国的一处重要都城遗址。1961 年，燕下都遗址被国务院公布为第一批全国重点文物保护单位。1973 年，为了加强对燕下都遗址的保护，成立了易县燕下都文物保管所。2001 年 3 月，燕下都遗址被评为 20 世纪中国 100 项考古大发现之一，是“十一五”期间全国百处重点保护大遗址之一，也是“十二五”期间全国 150 处重点保护大遗址之一。

燕下都遗址可谓是易县、保定，乃至河北省最重要的文化名片之一，是重要的文化旅游资源和社会教育资源。也是河北历史文化遗存的重要组成部分，燕下都遗址对于了解战国时期燕国百姓的社会生活、礼仪制度、房屋构造和生态环境等诸多方面的情况都有不可替代的作用。同时，对于燕下都遗址的调查研究还能起到补史、证史的作用，对于了解战国时期河北地区的历史极为重要。此外，对于文化遗产的保护研究也有着积极的现实意义。

二、调研情况

（一）概况

燕下都是战国时期燕国都城，位于易县县城东南，具体位置在北易水和中易水之间。相传公元前 697 年，燕恒侯迁都临易（今属雄安新区），至燕昭王在位时，燕国达到鼎盛时期。

燕下都呈不规则的长方形，东西长约 8 公里，南北宽约 4 公里，中部有古河道纵贯南北。河东侧有南北向平行的隔墙一道，将都城分为东、西两城。东城在中间偏北处又有一道东西向的隔墙，墙基约在 20 至 40 米之间。西城是为了保护东城的安全而设的防御性附城，至今还保留着较大的夯土城墙。都城的南、北分别是中易水和北易水，东、西两侧有护城壕沟通两水，使得整个都城外有天然河水作为屏障，内有宽厚城墙作为依托，整体构成了双重防御体系。

从都市功能属性上看，燕下都遗址可分为宫殿区、手工业作坊区、市民居住区、墓葬区和古河道等 5 个部分。

宫殿区位于遗址的东北部，现仍存有大量

的夯土建筑基址。依据大小分布情况，可分为大型主体建筑和宫殿建筑组群。其中，武阳台是宫殿区的中心建筑，所有宫殿建筑组群都是围绕武阳台所修建的。在同一条中轴线上，向北还分别有望景台、张公台和老姆台。

手工业作坊区在空间布局上呈环绕宫殿区排列的态势，分布在由西北到东南的弧形线上。从出土的器物来看，该区域分布有制骨、兵器、铸钱、烧陶等作坊。同时，这里的手工业作坊均为官办，并设有专门的管理机构。

市民居住区分布在东城的西南、中部及东北各部，该区域曾出土了大量的生活用具，文化遗存相当丰富。

墓葬区在东城的西北角及西城，该区域有虚粮冢墓区、九女台墓区、辛庄头墓区和丛墓葬群等 4 个墓区，其上皆有高大封土。通过发掘九女台墓区和虚粮冢墓区，证明墓区埋葬的均是燕国的侯王。

燕下都遗址分布有 4 条古河道，沟通中易水和北易水，既捍卫了都城，方便了交通，又解决了城内居民的供水和排水问题。

（二）西城西墙

燕下都建于战国时期，全部为人造城墙，总长约 36 公里，墙基宽约 40 米，高约 15 米，顶部宽约 20 米。目前，西城西墙保存得较为完整，距燕下都文物保管所 5 公里。西城西墙历经 2000 多年的雨水冲刷和人为破坏，现高 7 米左右，长 2500 多米。城墙均为夯筑而成，夯层 10 至 20 厘米，墙体上的穿孔排列有序，这些穿孔是夯筑时为了固定夹板而留下的痕迹。

20 世纪 90 年代，为进一步保护西城西墙，防止风沙、雨水的侵蚀，以及人为因素的破坏，文保人员曾在城墙的四周修建了围栏和保护架。但随着时间的推移，西城西墙仍然被不断侵蚀。同时，由于建材年久老化，保护架空隙形成的空洞在下雨时形成水柱冲刷墙址，对城墙造成了不同程度的破坏。

（三）武阳台

武阳台位于燕下都遗址东北部，是宫殿区内最大的主体建筑，为历代燕王料理朝政、行使权力的场所。由于年代久远，当年富丽堂皇的宫殿建筑早已不复存在，现仅存方形夯土台基，以及一些建筑遗存。台基的西北部有大面积的铺地砖和贴面砖清晰可见，顶部的东、西两侧有陶水管道直通台基底部。此处曾出土过双龙饕餮纹半圆形瓦当、山云纹半圆形瓦当、蝉纹板瓦和筒瓦等文物，这些都能够表明当时的武阳台是座高大雄伟的多层回廊式宫殿建筑。武阳台经过 2000 多年的雨水冲刷，现存高约 11 米，东西长约 140 米，南北宽约 110 米，是我国现存战国时期最大的建筑台基。

武阳台残存的台基上原有唐代修建的庙宇，金代立碑，明代曾有所修缮，后倒塌，清代时居住于此的村民对庙宇再次进行修缮并立碑。除庙宇外，台基上还存有石碑、学堂和深井，但皆毁于“大跃进”时期。2015 年，国家曾拨专款修缮，当地村委会在此重立石碑，并将残存的清代石碑复立于此。

（四）老姆台

老姆台位于北城墙之外，紧邻易定公路，距燕下都文物保管所 2 公里，与张公台、望景台、武阳台均建在一条中轴线上。老姆台曾是招待各国使节的驿馆，当时也叫拦马台，无论是本国还是外国的官吏到此都要下马休整，之后有专人向城内禀报。

随着历史的推移，老姆台的主体建筑已被

损坏，现存台基高约 12 米，南北长约 110 米，东西宽约 90 米。老姆台曾出土过透雕龙凤纹铜铺首，现收藏于河北省博物院。

（五）九女台墓区

九女台墓区位于东城的西北角，是战国早期的墓葬区，共有 10 座古墓，每座古墓均有高大的封土。九女台墓区曾出土过大量精美的陶礼器、铜器和编钟等文物，这表明此墓区为燕国早期的侯王墓。

如今，九女台墓区仍常有盗贼出没，因此燕下都文物保管所在墓区内安装了多处监控设备，方便对九女台墓区进行远程监管。

（六）虚粮冢墓区

虚粮冢墓区有 13 座古墓，皆排列有序，每座古墓均保有高大封土。相传燕国当时之所以使用高大的墓葬封土，并在四周围上苇席假作粮仓，其意图是想伪造燕国仓廪丰足的假象，进而彰显燕国的国力强盛，使敌人不敢贸然进犯，因而得名虚粮冢。

三、文化资源

（一）文字史料资源

武阳台残存的石碑上刻有明清时期的文字资料，可供后人了解当时的社会生活状况。

（二）艺术资源

燕下都遗址发掘出土的器物均有许多精美的纹饰，如瓦当上的莲花纹、人面纹、饕餮纹等，这对于研究战国时期器物的艺术特点，以及推动我国现代工艺美术的研究和发展都具有重要作用。

（三）文化旅游资源

燕下都遗址已发掘和未发掘的部分均可作为文化旅游资源，可规划修建考古遗址公园，进行合理利用。

（四）社会教育资源

燕昭王曾在燕下都高筑黄金台招贤纳士，乐毅、剧辛都曾登坛拜将；太子丹也曾在此送别荆轲，易水悲歌千古流传。这些历史事件都可以作为社会教育资源，帮助现在的中小学生更好地了解我国的古代历史文化。

建筑遗存

西城西墙东侧

西城西墙西侧

夯筑时为了固定夹板而留下的穿孔

夯土层特写

九女台墓区

九女台墓区航拍

老姆台

老姆台航拍

武阳台

武阳台台基上的深井

《重刻碑记说明》

《武阳台兴善寺碑》碑记

残存石碑正面

残存石碑背面

透雕龙凤纹铜铺首（河北省博物院）

半圆形瓦当（河北省博物院）

箭镞（河北省博物院）

陶簋（河北省博物院）

陶鼎（河北省博物院）

陶鉴（河北省博物院）

铁胄（河北省博物院）

三角山云纹脊瓦、虎头形陶水道管口复制品（河北省博物院）

波曲纹四耳铜鉴（河北省博物院）

陶盨（易县燕下都文物保管所博物馆）

双龙饕餮纹半圆形瓦当（易县燕下都文物保管所博物馆）

陶壶（易县燕下都文物保管所博物馆）

陶鼎（易县燕下都文物保管所博物馆）

铜人（易县燕下都文物保管所博物馆）

九鼎八簋复制品（易县博物馆）

“右府尹”铜象灯复制品（易县博物馆）

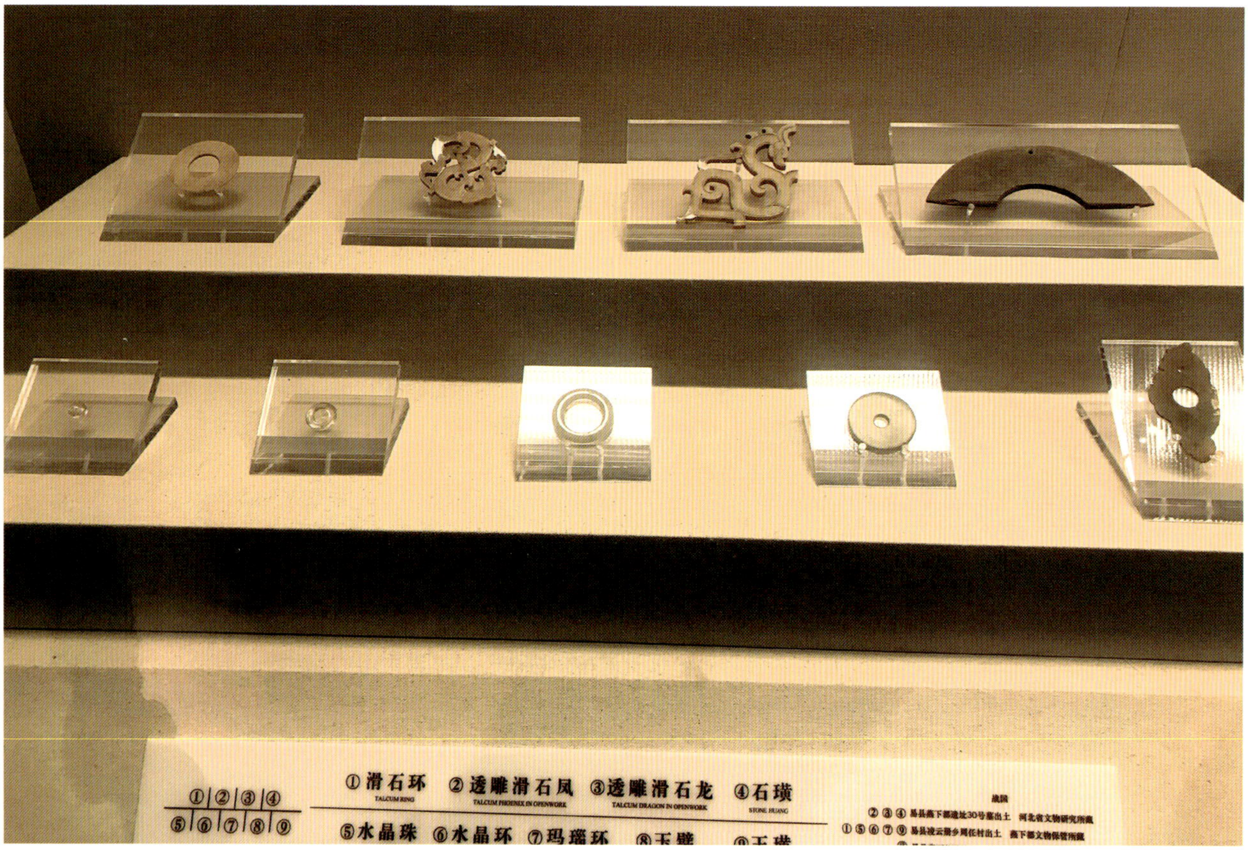

从左上至右下依次为滑石环、透雕滑石凤、透雕滑石龙、石璜、水晶珠、水晶环、玛瑙环、玉璧、玉璜（易县博物馆）

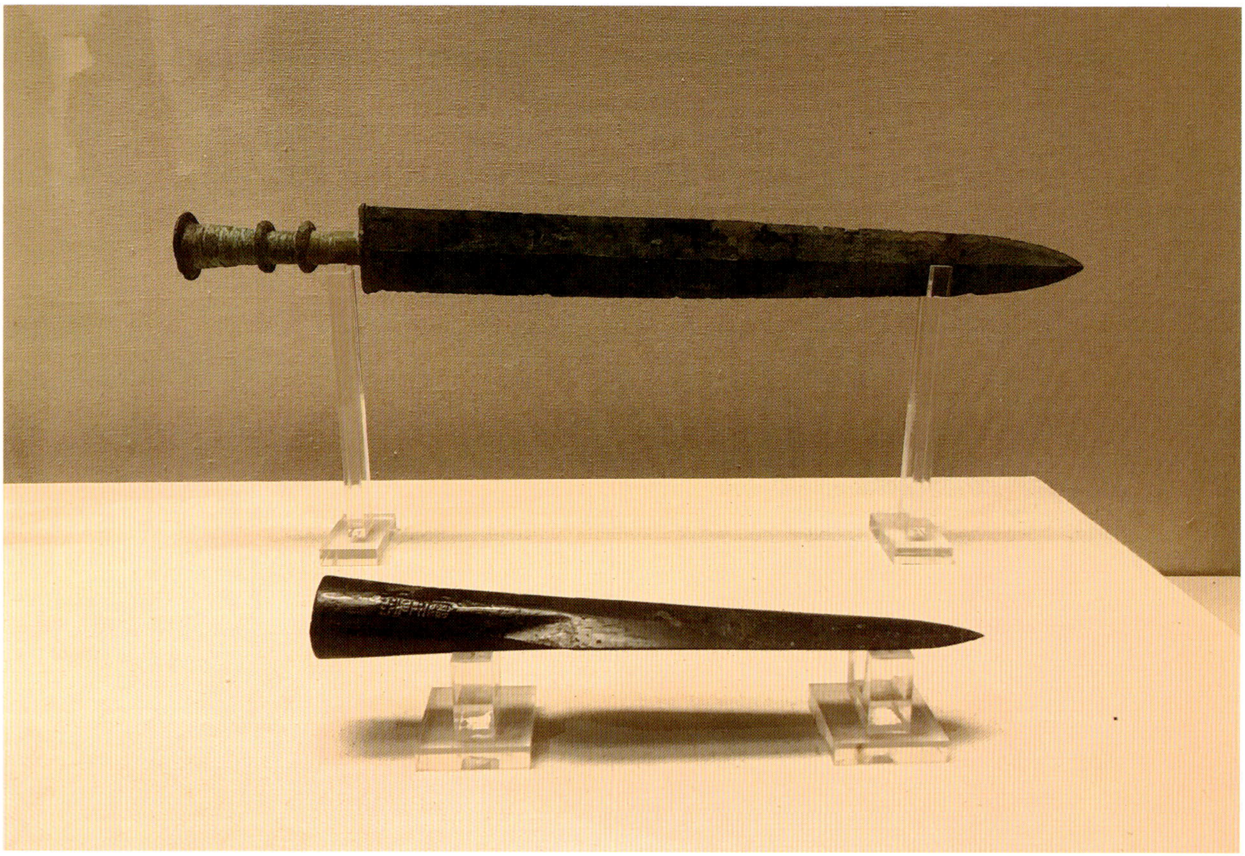

青铜剑、青铜矛（易县博物馆）

青铜弩机、鎏金弩机（易县博物馆）

绿釉罐（易县博物馆）

第二部分
非遗工艺

非遗工艺，即非物质文化遗产中的传统手工艺技能，是以非物质形态存在的与群众生活密切相关、世代相承的传统文化表现形式。

唐山皮影戏

河北省唐山市

TANGSHAN PIYINGXI

HEBEISHENG TANGSHANSHI

河北历史文化遗存档案表
（非物质文化遗产类）

档案号：HFG0001　　　　建档时间：2020 年 11 月

编号	项目	内容
1	名称	唐山皮影戏
2	项目级别	国家级非物质文化遗产
3	项目简介	唐山皮影戏是一门古老的民间传统艺术，同时也是中国皮影戏中影响最大的种类之一。因以河北省唐山地区的乐亭、滦县、滦南一带的语言音韵为其音乐特色，所以又被称为乐亭影、滦州影，是一门集精美的雕刻工艺、灵巧的操纵技巧和长于抒情的唱腔音乐于一体的综合艺术。唐山皮影戏诞生于明朝末年，盛行于清末民初，主要流行于河北省的唐山、承德、廊坊等地，以及东北三省的多个市县。抗日战争爆发以前，这些地区的百姓们常在农闲时聚众演出，使得唐山皮影戏在这些地区有着深厚的群众基础
4	调研报告	1 份，包括简介、发展沿革、传承谱系、工艺特征、发展现状等内容，约 2300 字
5	传承人照片	1 张
6	代表作品照片	6 张
7	工艺流程照片	6 张

调研报告

资料提供者

刘佳文

报告撰写

刘浩

采集支持

河北省工艺美术协会

一、简介

唐山皮影戏是一门古老的民间传统艺术，同时也是中国皮影戏中影响最大的种类之一。因以河北省唐山地区的乐亭、滦县、滦南一带的语言音韵为其音乐特色，所以又被称为乐亭影、滦州影，是一门集精美的雕刻工艺、灵巧的操纵技巧和长于抒情的唱腔音乐于一体的综合艺术。唐山皮影戏诞生于明朝末年，盛行于清末民初，主要流行于河北省的唐山、承德、廊坊等地，以及东北三省的多个市县。抗日战争爆发以前，这些地区的百姓们常在农闲时聚众演出，使得唐山皮影戏在这些地区有着深厚的群众基础。

唐山皮影戏的主要操纵演员有两人，即“上线”和“下线”。支配影人动作的杆子有两类，即“主杆”和“手杆”。在演出时，通常有拿、贴、打、拉、唱等 5 种分工，有“七忙八闲”之说。

唐山皮影戏的剧本又称影卷，现存至少 500 部，其中连台本有 130 多部，还有众多的单本剧，主要剧目有《五锋会》《二度梅》《青云剑》等。皮影戏传统剧本的文学结构为人物上、下场时分别有上场诗和下场对，其格律常用七字句、十字锦、三赶七、五字赋、硬散、大金边、小金边等。这些唱词的结构都是以对偶的上下句为基本单位，每段唱词一般都是由若干对声韵相同的上下句组成。唐山皮影戏以乐亭方言为基础，以唱功见长，风格独特，为板腔体。基本板式有大板、二性板、三性板、散板，以及平唱、花腔、凄凉调、悲调、游阴调、还阳调，还有因特殊句式而得名的三赶七等各种腔调。

唐山皮影戏的人物造型分为生、小、大、鬓、丑等，皮影的雕刻要经过刮皮浆皮、拓样雕刻、着色涂油、拼钉装杆等几个步骤，其中刀口和上色是最能体现雕刻艺人水平的环节。

唐山皮影戏的剧目内容是深层次剖析当地社会民俗民风、宗教心理的重要素材。历代唐山皮影戏艺人对唱腔表演、舞台道具的材料和技艺的改良与创新从未间断过，这些经验是今人和后人的宝贵财富。唐山皮影戏的传承延续着口传心授的方式，为文化传承的方式方法提供了重要借鉴。唐山皮影戏的唱腔、音乐、表演、造型有着独特的地域风格，受到国内外同行和观众的赞誉，具有很高的欣赏和研究价值。

二、发展沿革

唐山皮影戏历史悠久，明清时期便已逐渐成熟，并走向繁荣。唐山皮影戏的鼎盛时期是在清乾隆年间以后，当时的乐亭影班开始进入北京，并落户于东城。后来，随着越来越多的乐亭人去东北三省经商，又把乐亭皮影带到了东北。清乾隆年间的前侍卫，乐亭人杨德润成立了第一个专业影班。到19世纪，乐亭的崔、刘、张、史四大豪门富户先后组建了崔家聚德堂影班、刘家庆和堂影班、张家中兴堂影班、史家翠荫堂影班，并竞相以高价邀请著名艺人加入。除此以外，滦南一带还有柏各庄杨荣久影班、东黄坨龙振刚影班、西新庄陈文礼影班等众多民间小影班，此时皮影戏的发展进入了一个新阶段。到20世纪30年代，乐亭的影班已有80多个，并且涌现出了一批卓有成就的皮影戏艺人。战争年代，皮影戏艺人背井离乡，影班大多遭到摧残，之后相继解体。新中国成立后，乐亭县组建了工农影社，后改名为乐亭县皮影剧团，此剧团一直保留至今。20世纪30年代，众多著名唱片公司曾灌制发行了大量有关乐亭皮影的唱片，现存的模版有128面，由此可见当时乐亭皮影的影响之大。20世纪50年代后，乐亭县皮影剧团多次进京演出，受到了社会各界的赞许。1963年，乐亭县皮影剧团应邀赴京演出，郭沫若、周杨、溥仪等人现场观看，并给予了很高的评价。1987年，乐亭县皮影剧团在全国皮影大赛中荣获二等奖。1996年6月，乐亭县被文化部命名为“中国皮影之乡”，并批准建立中国皮影艺术研究中心。2006年，唐山皮影戏被列入第一批国家级非物质文化遗产名录。2008年5月，乐亭皮影雕刻在第八届中国民间艺术品评比活动中荣获最高奖——“山花奖”。2014年，乐亭皮影戏作为扩展项目被列入第四批国家级非物质文化遗产名录。

三、传承谱系

第一代传承人：张老璧。

第二代传承人：聂春潮、杨德生。

第三代传承人：王遇鸿、孟继起。

第四代传承人：刘佳文。

四、工艺特征

皮影的制作主要包括选皮、过样、雕刻、着色及组装等工艺流程。

选皮，皮影的雕刻用料一般为驴皮，根据软硬厚薄的不同需要，选用驴的背部、腰部或腰背结合处的皮为原料，之后刮皮为净膜，以备雕刻。

过样，即将皮影的图谱原样画在驴皮上。

雕刻，先将画好图谱的驴皮置于蜡板之上，然后按驴皮表面的图样进行雕镂。

着色，利用平涂和分染两种技法，对雕刻好的白茬皮影进行正反面涂染。染好后压平晾干，再进行罩油，油干后进行镇压。

组装，即将皮影的各个部件连缀在一起。连缀完成后再进行镇压，使得皮影不走样、不变形，且不受气候的影响，使得演员操纵起来坚挺、灵活，更有利于发挥高超的技艺。

皮影戏的伴奏乐器主要是四胡，这也是皮影戏的主导乐器，此外还配以扬琴、二胡、笛子、大阮等乐器，使音乐更加丰满、厚实。皮影戏的打击乐器主要有鼓、板、钹、大锣、小锣等，以满足不同的剧目情节和表演唱腔。

五、发展现状

在各级政府的重视与关怀下，在民间雕刻艺术家的细心呵护下，皮影雕刻技艺与皮影作品得到了较好的保护、传承和发展，优秀的皮影雕刻家不断涌现。皮影雕刻技艺通过名师授徒及开展培训班的形式得到了更好地普及和推广，如今正逐渐形成群众文化现象，皮影雕刻在传承与发展的过程中焕发出了新的生机。

目前，众多皮影剧团已进行了体制改革，并相继培养出了一批优秀的青年演员。这些演员们在继承中发展，在发展中创新，在皮影、影窗、布景、灯光及特技等方面进行了大胆的改革，进一步增强了皮影戏的听觉、视觉效果。如今，唐山皮影戏仍然是北方地区的广大人民群众非常喜爱的传统戏剧之一。

传承人

刘佳文

代表作品

《福禄寿》（刘佳文）

《白蛇》（刘佳文）

《五虎上将》（刘佳文）

《金銮殿》（刘佳文）

《龙》（刘佳文）

《象辇》（刘佳文）

工艺流程

绘画

剪裁

雕刻

上色

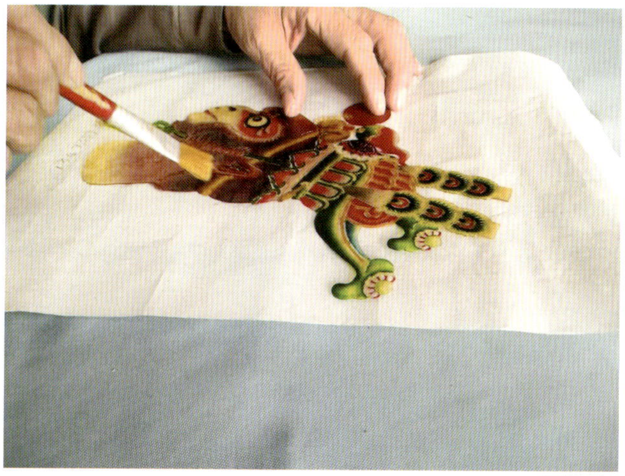

刷油

组装

武强木版年画

河北省衡水市

WUQIANG MUBAN NIANHUA

HEBEISHENG HENGSHUISHI

河北历史文化遗存档案表
（非物质文化遗产类）

档案号：HFG0002　　　　建档时间：2020 年 11 月

编号	项目	内容
1	名称	武强木版年画
2	项目级别	国家级非物质文化遗产
3	项目简介	武强木版年画因产地在武强县而得名，是流传于北方民间的一种春节时庆丰收、祈丰年，民众表达感情愿望，体现民风民俗的优秀传统民间艺术。武强木版年画始于宋元，至今已传承近千年，具有题材丰富、形式多样、构图饱满、造型夸张、色调鲜明、寓意吉祥等特点。武强木版年画不仅记录着农耕时代中国民间的立体影像、广角的生活与社会，还蕴藏着河北人民过往不复的精神情感，是优秀的民族民间文化遗产，具有很高的艺术和人文价值，被誉为“中国农耕社会的缩影”“民俗生活的大观园”“河北民间艺术的象征”。武强木版年画在中国木版年画界独树一帜，曾被中国文联副主席、中国民协主席冯骥才赞为“应说年画百家好，自是武强天下雄”
4	调研报告	1 份，包括简介、发展沿革、传承谱系、工艺特征、发展现状等内容，约 2600 字
5	传承人照片	2 张
6	代表作品照片	25 张
7	工艺流程照片	3 张

调研报告

资料提供者

康英勤　马习钦

报告撰写

田野

采集支持

河北省工艺美术协会

一、简介

武强木版年画因产地在武强县而得名，是流传于北方民间的一种春节时庆丰收、祈丰年，民众表达感情愿望，体现民风民俗的优秀传统民间艺术。武强木版年画始于宋元，至今已传承近千年，具有题材丰富、形式多样、构图饱满、造型夸张、色调鲜明、寓意吉祥等特点。武强木版年画不仅记录着农耕时代中国民间的立体影像、广角的生活与社会，还蕴藏着河北人民过往不复的精神情感，是优秀的民族民间文化遗产，具有很高的艺术和人文价值，被誉为“中国农耕社会的缩影”“民俗生活的大观园”“河北民间艺术的象征”。武强木版年画在中国木版年画界独树一帜，曾被中国文联副主席、中国民协主席冯骥才赞为“应说年画百家好，自是武强天下雄”。

二、发展沿革

据考证，武强木版年画始于宋元时期，明初已具规模，清康熙、嘉庆年间达到鼎盛。到清末民初，在武强县城的南关有画店144家，县城附近的60多个村庄中，有上千户作坊从事着年画生产与销售，全国各地设有批发站点180余处，最高年产量达1亿对开张，行销大半个中国。抗日战争和解放战争时期，武强木版年画的发展受到严重影响。新中国成立后，武强木版年画在党和政府的关怀与扶持下，得到了恢复和发展。改革开放以来，武强木版年画呈现出繁荣发展的新局面。但是随着我国由农耕社会向工业化、信息化社会转变，武强木版年画逐渐失去了赖以生存的原始土壤，逐渐淡出了现代人的视野，如今已成为国家级非物质文化遗产项目。

三、传承谱系

（一）绘制技艺

第一代传承人：王麦杆。

第二代传承人：王兴邦。

第三代传承人：康英勤。

康英勤，1983年拜年画专家王兴邦为师，1987年参加工作。2007年，作品《连年有余》被选做贺年明信片；2010年，作品《连年有余》被中国农业博物馆收藏；2013年，康英勤被编入《中国民间文艺家大辞典》；2015年，康英勤被评为“燕赵文化之星”；2017年，康英勤获得“河北省工美行业艺术大师”“河北省工艺美术大师”荣誉称号，同时被聘为武强县职教中心工艺美术客座教授；2018年，康英勤被授予“河北工匠”称号，他的作品《连年有余》《富贵花开》被上海海派连环画中心永久收藏。

第四代传承人：袁增瑞、耿雅雯、康达。

（二）印刷技艺

第一代传承人：韩贞祥。

第二代传承人：段淑芬。

第三代传承人：康英勤、马习钦。

马习钦，1975年参加工作，曾任武强画厂刻板技术员、武强年画博物馆副馆长，现任武强年画博物馆党支部书记。1994年10月，在文化部举办的“中国民间艺术一绝大展”中，马习钦的作品《大戳锤门神》荣获民间年画类金奖；1995年，在文化部举办的“万博杯全国艺术之乡艺术精品展示大赛”中，马习钦的作品《大戳锤》《小鞭锏》《小戳刀》荣获三等奖；同年，马习钦被联合国教科文组织（北京）、中国民间文艺家协会授予“民间工艺美术家”称号；2004年，马习钦被河北省轻工行业协会授予“河北省民间工艺美术大师”称号；2007年6月，马习钦被中国民间文艺家协会授予“中国民间文化杰出传承人”称号；同年，马习钦成为国家级非物质文化遗产项目武强木版年画代表性传承人；2009年5月，马习钦被聘为河北师范大学美术学院版画系客座教授。马习钦先后培养出了5名刻版弟子、30余名印刷弟子，刻制各种画版300余套，印刷年画近200万张，对宣传武强年画，促进民间文化交流做出了较大贡献。

第四代传承人：康晶。

（三）刻版技艺

第一代传承人：王福安。

第二代传承人：孙惠荣。

第三代传承人：马习钦。

第四代传承人：徐晓毅、冯斌。

四、工艺特征

武强木版年画的制作工艺包括绘稿、刻版、印刷和装裱等4道工序，全部是手工制作，原材料也是就地取材。武强木版年画的艺术特点主要包括构图饱满、装饰性强、线条简洁、粗犷奔放、色彩鲜艳、造型夸张、形式多样、喜庆吉祥等。武强木版年画以木版水色套印作为印刷方式，继承并发展了中国古代四大发明之中的雕版印刷术，具有鲜明的地方特色和浓郁的乡土气息。

五、发展现状

1983年，文化部批准建立了武强年画社（1995年更名为河北武强画社），出版的年画多次荣获省部级奖项。1993年，武强县被命名为“中国民间木版年画艺术之乡”。为了更好地保护、传承武强木版年画艺术，1985年，河北省文物局批准建立了武强年画博物馆，这个博物馆集年画文物征集、收藏、研究、展示和宣传于一体，因年画文物藏量丰富而被誉为“民间美术敦煌”，并先后被评为国家重点博物馆、国家二级博物馆、全国科普教育基地、国家4A级旅游景区、河北省爱国主义教育基地、河北省国防教育基地、河北省廉政教育基地，还被定为中国民间木版年画出版研究会所在地，另有中央美院等20余所大专院校将其确定为美术教育实习基地。2006年，武强年画博物馆被列为武强年画非遗传承重要基地，通过陈列展览、培训带徒、研究著述、文创开发等多种形式让年画文物活起来，使武强木版年画这一优秀的国家级非物质文化遗产再放异彩。

武强木版年画因其独有的艺术特色而备受青睐，多次在各种大赛中获奖，并被文化部等机构授予多项荣誉。2003 年，武强木版年画被文化部定为“中国民族民间文化保护工程首批十大试点”之一；2006 年，武强木版年画入选第一批国家级非物质文化遗产保护名录，并发行武强木版年画特种邮票 4 张；2009 年 10 月，武强木版年画被评为“河北十大文化形象名片”之一；2011 年，武强木版年画在中央电视台承办的首届《乡土盛典》中荣获“最具活力民间文化产业奖”；2012 年，在中国工艺美术学会民间工艺美术专业委员会第二十七届年会上，武强年画博物馆选送的 5 幅作品荣获了 1 个金奖、3 个银奖和 1 个优秀奖；同年，武强木版年画系列作品被河北省旅游局评为“河北省十佳旅游纪念品”；2013 年，武强木版年画《六子争头》《鞭锏门神》荣获 2013 年中国旅游商品大赛铜奖；2014 年，《武强年画》纪录片获得河北省第十一届精神文明建设“五个一工程”奖；同年 11 月，《武强年画》纪录片在中国电视艺术家协会举办的“人文中国第三季——传承中国”全国电视专题片、纪录片推选、展播活动中荣获三等奖；2015 年 11 月，武强木版年画系列作品在国家旅游局主办的“2015 中国特色旅游商品评选活动”中荣获银奖。

近年来，武强县进一步加大创新力度，相继开发了武强木版年画的邮品和动漫，同时还编纂了《河北武强年画》《中国武强年画艺术》《武强古版民间门画》《武强古版灯方年画》《武强年画精选》《武强年画传说故事》《中国木版年画集成·武强卷》等书籍，研究成果斐然。

传承人

康英勤

马习钦

代表作品

《欢乐丰收年》（康英勤）

《平安中国》（康英勤）

《一团和气》（康英勤）

《雄鹰展翅》（康英勤）

《连年有余》（康英勤）

《增福财神》（康英勤）

《如意亨通图》（康英勤）

《致敬白衣天使》（康英勤）

《妈妈加油》（康英勤）

《我们一定赢》（康英勤）

《时代楷模》（康英勤）

《厉害了我的国》（康英勤）

《精准脱贫三句半》（康英勤）

《祝寿图》（康英勤）

《戳刀门神》（马习钦）

《大戳锤门神》（马习钦）

《张天师》（马习钦）

《三星拱照》（马习钦）

《赐福财神》（马习钦）

《鞭锏门神》（马习钦）

《富贵花开》（马习钦）

《吉祥富贵》（马习钦）

工艺流程

创作绘画

刻版

印刷

河北历史文化遗存
档|案|优|选

衡水内画

河北省衡水市

HENGSHUI NEIHUA
HEBEISHENG HENGSHUISHI

河北历史文化遗存档案表
（非物质文化遗产类）

档案号：HFG0003　　　　建档时间：2020年11月

编号	项目	内容
1	名称	衡水内画
2	项目级别	国家级非物质文化遗产
3	项目简介	衡水内画也称冀派内画，是用特制的金属杆勾毛笔，在透明或半透明的容器内壁进行书画的一种中国独有的传统工艺。衡水内画由中国工艺美术大师王习三于1967年创建，源于京派内画，主要运用国画颜料和油画颜料进行绘制，其作品具有立意深邃、构图严谨、线描技法丰富、设色谐调精润、书画并茂、雅俗共赏等特点，与京派内画、鲁派内画、粤派内画并称中国内画四大流派
4	调研报告	1份，包括简介、发展沿革、传承谱系、工艺特征、发展现状等内容，约5000字
5	传承人照片	2张
6	代表作品照片	14张
7	工艺流程照片	11张
8	生产场景照片	7张

调研报告

资料提供者

王自勇

报告撰写

王婧怡

采集支持

河北省工艺美术协会

一、简介

衡水内画也称冀派内画，是用特制的金属杆勾毛笔，在透明或半透明的容器内壁进行书画的一种中国独有的传统工艺。衡水内画由中国工艺美术大师王习三于1967年创建，源于京派内画，主要运用国画颜料和油画颜料进行绘制，其作品具有立意深邃、构图严谨、线描技法丰富、设色谐调精润、书画并茂、雅俗共赏等特点，与京派内画、鲁派内画、粤派内画并称中国内画四大流派。

1993年，衡水市被文化部授予“中国内画艺术之乡”称号，衡水内画的分布区域主要为衡水市市区及周边的饶阳、深州、阜城等市县。据2006年的统计，衡水市有衡水内画从业人员约4万人，年产值约10亿元。2006年，衡水内画被列入第一批国家级非物质文化遗产名录，并获联合国教科文组织“世界杰出手工艺品徽章”认证。2017年，衡水内画被列入第一批国家传统工艺振兴目录。

二、发展沿革

内画是中国特有的传统工艺，与鼻烟和鼻烟壶有着深厚的历史渊源。鼻烟是将烟草精工泡制，并混入香草、香料、花露研制而成的赫黄色粉末，有消寒辟疫的功效，于明万历年间由意大利传教士利马窦当作贡品传入中国。到清代时，这种宫廷用品已传入民间，并出现了“人人相见递烟壶”的习俗。由于百姓嗜好鼻烟，且“争羡收藏器皿”，这便使得鼻烟壶的制作越来越精良。

清康熙三十五年（1696年），十分喜好鼻烟的康熙设立了中国的第一家玻璃工厂，专门制作鼻烟壶，除了自己使用外，康熙还将鼻烟壶赏赐给有功的大臣和外国使臣。一时间，鼻烟壶成了八旗子弟夸耀地位和身份的重要物品。清乾隆年间，鼻烟壶的制作原料由料器（玻璃）、瓷器发展到象牙、琥珀、珊瑚、玛瑙、水晶、竹根等。清咸丰年间的一首《鼻烟歌》中曾写道：“凤凰鸾鹤擐雀凫，麒麟狮象蛟龙鱼。仙山楼阁烟云嘘，泉石卉木蛙蜢俱。”这体现了鼻烟壶内画所展示出来的丰富的艺术形态。此时的鼻烟壶从选料、工艺制作、修饰装潢已全面发展，其材质涵盖金属、玉、石、陶器、料器、有机物等六大类，制作工艺包括了传统的写、画、雕、刻、镂、錾、烧、焊、凿、磨、镶、嵌、铸、错、粘、漆及模压技术，鼻烟壶成为清代工艺美术的缩影，同时也成为汇集中国多种工艺的袖珍艺术品，饮誉世界。

清乾隆末年，内画鼻烟壶诞生。内画使鼻烟壶的工艺达到了“寸幅之地具千里之势”的艺术效果，被世界称为“不可思议、鬼斧神工”的艺术。

中国内画有四大流派，分别是京派、鲁派、粤派、冀派。

京派内画最早起源于清乾隆年间，保持了叶派的传统技法和画风，用竹、柳勾笔作画，画风古朴，曾涌现出了不少杰出的内画大师，如擅长人物创作的马少宣、孙星五、叶仲三等，擅长山水花鸟创作的周乐元、丁二仲、自怡子等，近现代的主要代表人物有刘守本。

清光绪年间，山东老艺人毕容九将内画艺术带回博山，经过近百年的发展，逐渐形成了鲁派内画。鲁派不但改进了内画染料，还改革了内画工具，开始以竹、柳毛笔作画，形成了画面丰满、线条纤细、飘逸流畅的鲁派特色。

粤派内画又称桃江内画，在“文化大革命”后期由吴松龄创建。粤派的鼻烟壶通体清透，壶身绘有描金图案。

冀派内画的创始人是王习三，他是京派老艺人叶仲三之子叶晓峰、叶菶祺的第一位外姓弟子。20 世纪 50 年代末，王习三熟练掌握了叶派内画技法后，将猫的形象引入鼻烟壶，他采用工笔“撕毛法”画出了水灵灵的猫眼儿和猫毛茸茸的质感，解决了国画写意技法画出的猫形象呆板、缺乏真实感的难题。王习三还自创了衡水内画的特殊工具——金属杆勾毛笔，即习三弯勾笔，这种笔的笔杆可随意改变方向。“文化大革命”期间，王习三被遣回原籍接受“改造”，他虽身处逆境，几度沉浮，却仍旧保持着对内画艺术的不懈追求。在“改造”期间，王习三以副业的形式重操勾笔，搞起了内画，为创建冀派内画打下了坚实的基础。王习三先后收了 4 批徒弟，他倾囊相授，培育了几十位内画新人，使衡水内画逐渐发展成最具实力的画派。

1968 年，由多个国家的收藏家共同发起成立了国际中国鼻烟壶学会。

三、传承谱系

第一代传承人：叶仲三。

第二代传承人：叶晓峰、叶菶祺。

第三代传承人：王习三。

王习三，原名王瑞成，国家级非物质文化遗产项目衡水内画代表性传承人、中国工艺美术大师、亚太地区手工艺大师，代表作品有《清代帝后像》《美国历届总统像》《中国十二朝代名君国宝图》。1958 年，王习三考入北京市工艺美术研究所，后跟随清末民初内画四大名家之一的叶仲三的儿子叶晓峰和叶菶祺学习内画，是衡水内画（也称冀派内画）的创始人；1977 年，创建衡水市特种工艺厂，并任厂长；1979 年，出席全国工艺美术艺人、创作设计人员代表大会，被授予“中国工艺美术家”称号；1981 年，首创内画油彩肖像技法，将内画的技艺水平提升到了一个新的历史高度；1985 年，作品《美国历届总统像》荣获第五届中国工艺美术作品百花奖金杯珍品奖；1988 年，创建衡水市习三内画艺术院，并任院长；1995 年，与儿子王自勇创办衡水习三内画艺术有限公司和习三艺术学校；2005 年，发起成立了衡水市冀派内画协会，并任首届主席；2007 年，成为国家级非物质文化遗产项目衡水内画代表性传承人；2008年，被世界手工艺理事会评为我国首批“亚太地区手工艺大师”；2010年，被中国工艺美术学会授予“中国工艺美术终身成就奖”。

《清代帝后像》是王习三于1979年创作的第一套大型套系内画作品，在当时是内画界规模最大的一套作品，由22个鼻烟壶组成，极大地丰富了内画的题材，充分展现了内画的艺术表现力。《清代帝后像》为墨色黑白肖像，所用鼻烟壶为一色的精品玻璃壶。鼻烟壶的正面以故宫所藏的皇帝画像为蓝本，共绘制了从清太祖努尔哈赤到末代皇帝溥仪共12位皇帝和10位皇后，采用中国传统的勾线平涂的肖像技法进行绘画，其中唯独末代皇帝溥仪的肖像采用的是写实手法。鼻烟壶的背面是用工整的隶书书写的人物介绍。这套作品立意深邃、精致细腻，所绘的帝后肃穆端庄、衣着隆重，象征着至高无上的皇权，唯独溥仪选择的是他年幼时的图片，流露出孩童本真懵懂的神情。1982年，这套作品被美国的收藏家收藏，曾在国际中国鼻烟壶学会第十四届年会上展出，当时引起了极大的轰动。2012年，这套作品重回衡水故里。

从1982年到1984年，王习三历时近3年，终于创作完成了《美国历届总统像》大型肖像系列鼻烟壶，这是他艺术生涯的巅峰之作。这套作品以王习三首创的内画油彩肖像技法为主，结合传统的国画技法，精心地绘制了自美国首任总统华盛顿到里根共39位总统的肖像，1988年又补画了时任总统布什的肖像。这套作品用料讲究，均选用上等天然白水晶“水上漂”折方式烟壶，壁薄如纸，晶莹华贵。人物的形象准确、神态逼真、色彩沉厚、风格统一，且依序摆放，很有气势。绘画方面用笔概括、虚实得当，凸显了笔墨的气韵。这套作品在美国一经展出，就引起了收藏界的极大轰动，并被美国的20多家报刊登载，称之为“美国历史的缩影、中国艺术的结晶”，《纽约时报》称之为“里程碑性的大作，无与伦比的瑰宝”。1985年，《美国历届总统像》荣获第五届中国工艺美术作品百花奖金杯珍品奖。这套作品现陈列于衡水内画艺术博物馆。

1987年，王习三创作了《中国十二朝代名君国宝图》系列鼻烟壶，这套作品是中国几千年悠久历史和灿烂艺术文化的缩影。鼻烟壶的正面采用中国传统的勾线平涂法，绘有中国12个代表朝代的著名君王的画像，分别是夏禹王、商汤王、周武王、秦始皇、汉高祖、晋武帝、隋文帝、唐太宗、宋太祖、元世祖、明太祖、清太祖。鼻烟壶的背面以写实手法绘有对应历史时期的文化代表器物，分别是夏陶盉、商青铜鼎、周虎簋、秦兵马俑、汉铜马踏飞燕、晋王珣伯远帖、隋石佛像、唐三彩骆驼、宋官窑贯耳瓶、元青花红釉花卉纹盖罐、明景泰蓝龙耳瓶、清金玉鼻烟壶。这套作品风格高雅，立意深邃，所绘帝王形象端庄大气、气度不凡，服饰细节刻画精细；所绘器物形象准确，通过光影变化，突出了立体感，忠于实物的残缺，表现出历史的岁月沧桑。这套作品现陈列于河北习三内画博物馆。

第四代传承人：王自勇。

王自勇，艺名王又三，中国内画艺术大师、河北省工艺美术大师、河北省有突出贡献中青年专家，享受国务院特殊津贴，现任中国工艺美术学会中国鼻烟壶研究会副会长、衡水市冀派内画协会主席、衡水内画艺术博物馆馆长、河北习三内画博物馆馆长。王自勇自幼随父亲王习三学习内画，他的肖像作品具有细腻高雅、气韵生动、形神兼备的特色，他的山水作品有着气势磅礴、墨色深厚的特点，王自勇开创了内画浓墨山水画法的先河。1991年，王自勇毕业于河北师范大学美术系；2012年6月，成为省级非物质文化遗产项目衡水内画代表性传承人。王自勇创新设计的作品曾获河北省旅游纪念品大赛最佳创意奖、全国“金凤凰”创新产品设计大赛银奖、河北省民间艺术博览会一等奖、第九届中国工艺美术大师作品暨国际艺术精品博览会金奖等。在学术研究方面，王自勇主编了《中国内画图典》《冀派内画图典》《中国工艺美术大师·王习三》《王习三内画情缘60年》及“冀派内画艺术名家·精品赏析丛书”，还策划并主编了《冀派内画艺术》专刊。在技艺传承方面，王自勇首创了非物质文化遗产保护传承的内画博物馆模式，创办了首个国家承认学历的内画艺术培训学校，建成了世界上首个内画专业博物馆，并把“习三”品牌创建成为全国驰名商标，还把习三内画公司创建成为河北省文化产业示范基地、国家文化产业示范基地、国家级非物质文化遗产生产性保护示范基地。

《国画大师肖像》系列作品是由王自勇和金一鸣联合创作的，壶坯选用天然水晶材质，鼻烟壶正面绘有吴昌硕、齐白石、黄宾虹、徐悲鸿、张大千、李可染等20位享誉世界的近现代国画大师肖像，鼻烟壶的背面是每位国画大师的代表作品。这套作品强调线、色、墨的有机结合，并以黑白素描的形式来表现。在创作方面，作品用线果断、雄劲有力；用色沉着、浑厚洒脱；用墨适度、干湿相宜。这套作品的每一位人物，无不风清骨峻、神采焕然；无不栩栩生动、活灵活现；无不浑厚苍润、形神兼备，充分彰显了人物的精神风貌。在人物衣着方面，主要采用唐装或清末中国的传统服饰，让浓郁的中国风情扑面而来。2008年，这套作品荣获了中国工艺美术作品百花奖金奖，现收藏于衡水内画博物馆。

《父亲的历程》系列内画肖像鼻烟壶共计20件，这是中国内画历史上首套展现人物故事的作品。壶坯选用精品级天然纯净水晶，所绘人物是王自勇的父亲、衡水内画创始人、中国工艺美术大师王习三。这套作品绘制了王习三从1岁到近80岁重要时间节点的照片，展现出这位艺术大师的多彩人生、学艺经历及大的时代背景，同时也表达了王自勇对父亲的深厚感情。在创作手法方面，这套作品恪守形神一贯、文质相宜的绘画原则，紧紧抓住王习三的精神特质，以黑白灰的表现手法来呈现历史的沧桑感，以沉稳的色调来表现人物的性格特征，用高超的内画技艺刻画出了人物的精神风貌。2017年，这套作品荣获第五届河北省特色工艺美术精品大奖赛一等奖。

第五代传承人：王金鹏。

四、工艺特征

衡水内画以叶派的厚朴古雅为基础，又融合了鲁派内画的细腻流畅，后来还引入了国画的皴、擦、染、点、勾、撕等技法，使得其作品豪爽奔放，充满诗情画意，尤其是衡水内画的肖像作品，着色清淡，层次分明，富有质感。

衡水内画在绘画工具、绘画技法、绘画形式等方面有3项创新，分别是金属杆勾毛笔、油彩内画、系列烟壶。

衡水内画采用特制的金属杆勾毛笔，在水

晶、玛瑙、玻璃等透明或半透明的容器内壁进行书画，集造型艺术和绘画艺术为一体。

20 世纪 80 年代以前，内画鼻烟壶都是采用水彩作画，追求意境美，讲究意存笔先、画尽意在、以形写神。1981 年，冀派内画开始尝试使用油彩绘制肖像内画，以期达到庄重深厚、形象逼真的效果。由于壶壁不吸油，且原有的内画笔也不适用于油彩的皴染，导致油彩内画创作遇到了瓶颈。后来经过反复实验，冀派内画艺人终于掌握了油彩内画的技法，打破了传统的、单一的水彩作画的局限，使得内画技艺得到了进一步的发展。

五、发展现状

衡水内画现有从业者 4 万余人，先后培养出了 4 位中国工艺美术大师、18 位中国内画艺术大师、51 位省级工艺美术大师、34 位市级工艺美术大师。但是作为传统手工技艺，衡水内画同样面临着产品同质化严重、创新力不足、人才短缺等问题。

传承人

王习三

王自勇

代表作品

《百子图》正面（王习三）

《百子图》背面（王习三）

《清代帝后像》之康熙像正面（王习三）

《清代帝后像》之康熙像背面（王习三）

《清代帝后像》之孝诚仁皇后像正面（王习三）

《清代帝后像》之孝诚仁皇后像背面（王习三）

《中国十二朝代名君国宝图》之唐太宗像正面（王习三）

《中国十二朝代名君国宝图》之唐太宗像背面（王习三）

《美国历届总统像》之林肯像正面（王习三）

《美国历届总统像》之林肯像背面（王习三）

《国画大师肖像》（王自勇）

《父亲的历程》（王自勇）

《牧归图》（王自勇）

《轻舟已过万重山》（王自勇）

工艺流程

磨壶流程

选取磨壶原料

选取磨壶工具

开坯

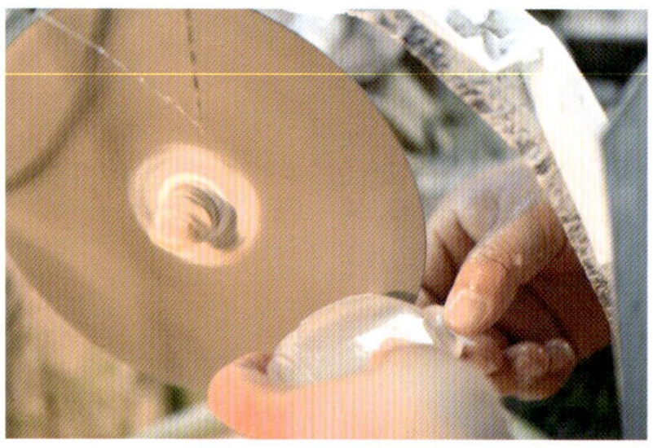
成形和细磨

打眼儿

掏膛儿

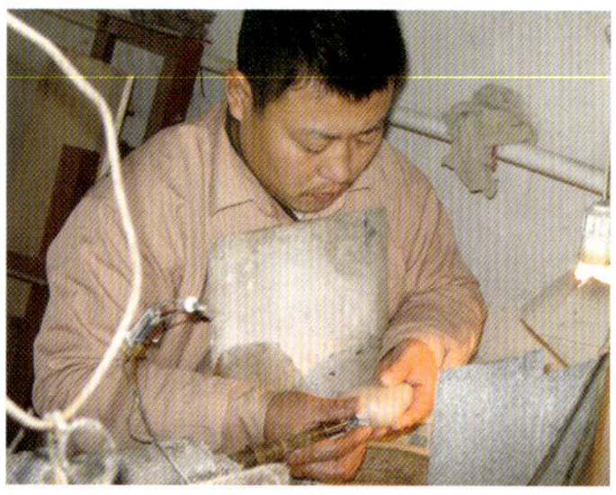
光亮

内画流程

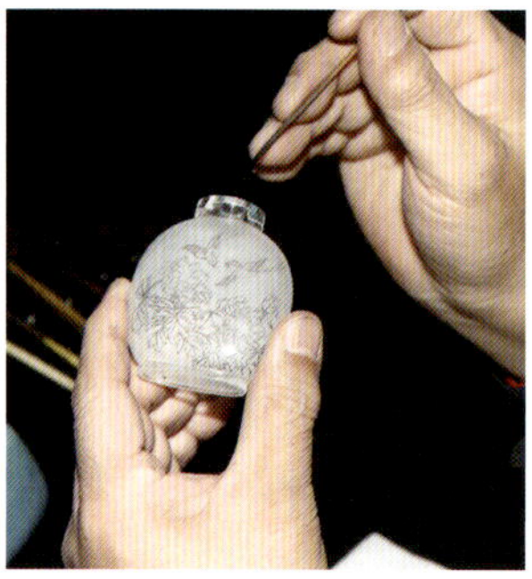
勾线

皴染

填色

落款

生产场景

生产车间

蔚县剪纸

张家口市蔚县

YUXIAN JIANZHI

ZHANGJIAKOUSHI YUXIAN

河北历史文化遗存档案表
（非物质文化遗产类）

档案号：HFG0004　　　　　建档时间：2020 年 11 月

编号	项目	内容
1	名称	蔚县剪纸
2	项目级别	国家级非物质文化遗产
3	项目简介	蔚县剪纸源于明代，是一种风格独特，且在国内外享有盛誉的传统民间艺术。清代末年，蔚县剪纸的工具进行了改革，由“剪”变为了“刻”。20 世纪初，蔚县剪纸在构图、造型和色彩上逐渐形成了自己独特的艺术风格，开创了独具一格的民间剪纸新流派。蔚县剪纸是以阴刻为主、阳刻为辅的点彩剪纸，其特点为实多于虚、黑大于白、面强于线，在画面中确定一个主要形象后，再安排次要形象进行陪衬、烘托和装饰。蔚县剪纸的题材广泛，寓意深长，生活气息浓郁。无论是反映人们对幸福生活的祈盼，还是来源于劳动人民喜闻乐见的历史故事、民间传说及英雄人物；无论是展现北方特有的文化背景和民俗风情，还是用于四时节令、婚寿礼仪等庆典，都体现了民间艺人高超的智慧和丰富的想象力。2006 年，蔚县剪纸被列入第一批国家级非物质文化遗产名录
4	调研报告	1 份，包括简介、发展沿革、传承谱系、工艺特征等内容，约 2700 字
5	传承人照片	1 张
6	代表作品照片	6 张
7	工艺流程照片	6 张

调研报告

资料提供者

刘海滨

报告撰写

王婧怡

采集支持

河北省工艺美术协会

一、简介

蔚县剪纸源于明代，是一种风格独特，且在国内外享有盛誉的传统民间艺术。清代末年，蔚县剪纸的工具进行了改革，由“剪”变为了“刻”。20 世纪初，蔚县剪纸在构图、造型和色彩上逐渐形成了自己独特的艺术风格，开创了独具一格的民间剪纸新流派。

蔚县剪纸是以阴刻为主、阳刻为辅的点彩剪纸，其特点为实多于虚、黑大于白、面强于线，在画面中确定一个主要形象后，再安排次要形象进行陪衬、烘托和装饰。蔚县剪纸的题材广泛，寓意深长，生活气息浓郁。无论是反映人们对幸福生活的祈盼，还是来源于劳动人民喜闻乐见的历史故事、民间传说及英雄人物；无论是展现北方特有的文化背景和民俗风情，还是用于四时节令、婚寿礼仪等庆典，都体现了民间艺人高超的智慧和丰富的想象力。2006 年，蔚县剪纸被列入第一批国家级非物质文化遗产名录。

二、发展沿革

（一）明朝时期

蔚县最早的剪纸技艺可追溯至明成化年间。当时的剪纸为单色，不镂空，形象古朴、粗拙，主要用于绣鞋花样、婚丧用品和年节窗户装饰等，也称“窗花”，其式样和技艺尚未形成自己的特色。后来剪纸艺人借鉴年画和皮影的色彩，创作出了彩色剪纸。由于当时中国北方的窗户多以绵纸糊挡，透光性较差，而这种剪纸贴在窗户上则更加挡光，于是剪纸艺人又创造出了透光性较好的“天皮亮”。

（二）清朝时期

清咸丰年间，出现了武强木版水印窗花，这种窗花比“天皮亮”的色彩艳丽，但与后来的蔚县剪纸比起来则较为粗糙，当时被称为“草窗花”，也称“草窗空”。这种剪纸在白天看起来效果很好，但一到晚上就变成了一片黑，于是剪纸艺人就尝试用刻刀在上面增加镂空效果，开创了蔚县彩色镂空剪纸的先河。

清道光、光绪年间，蔚县剪纸进入草创阶段。当时的剪纸还带有窗花的痕迹，刀工较粗糙，人物造型也不够准确，像个口袋似的，被称为“口袋戏”，而且花卉图案也较为简陋，色彩点染仅为有限的几种。

清光绪、宣统年间，蔚县县城出现了全家

从事剪纸行业的吕家和翟家。吕家专门创作戏曲人物，使得戏曲人物题材的剪纸真正在民间流行了起来，如今保存下来的100多套戏的底样都是出自吕家。翟家专门创作花卉，将当时名目繁多、构图混乱的花卉图案加以改进，统一样式。在这一时期，用刻刀雕刻并染色的蔚县剪纸已普遍流行，蔚县剪纸中花卉和戏曲人物的基本图案大体形成，吕、翟两家的分工说明了蔚县剪纸的生产在当时已初具规模，但并不成熟。

（三）近现代时期

20世纪30年代，蔚县剪纸的发展进入了一个全新的阶段。以王老赏为代表的一大批民间艺人对大量戏曲人物进行了重新设计、刻制，同时对花卉图案进行了规范、改造，他们还丰富了刻纸工具、刻纸技法和染色技法。在这一时期，蔚县剪纸摆脱了定型时期的青涩，在构图、造型和色彩上形成了自己独特的艺术风格，体现出了鲜明的地域特色，开创了独具一格的民间剪纸新流派，蔚县剪纸也由此步入了成熟期。

1956年，蔚县人民委员会把分散的剪纸艺人们组织起来，开办了蔚县特种工艺生产合作社（即蔚县剪纸厂）。剪纸艺人们在继承传统技艺的基础上，合作设计创作了传统的戏曲脸谱。这一剪纸品种的出现，使传统剪纸从单一的粘贴窗户功能，逐渐向文化方面拓展，为世界人民更好地了解中国文化做出了贡献。

进入21世纪，很少有剪纸艺人再刻制窗花，而是大力发展现代工艺品。蔚县剪纸在形式上也更加丰富，出现了双幅、多幅和用于展览的巨幅等多种形式。

三、传承谱系

国家级传承人：周兆明、周广、周淑英。

省级传承人：刘海滨。

刘海滨，中国民间文艺家协会会员、河北省美术家协会会员、河北省文化产业协会会员、河北省民间工艺美术大师、河北省工艺美术行业艺术大师、河北省工美行业协会常务理事、河北省工美学会副会长、张家口工艺美术行业协会副会长、张家口市农村致富带头人行业协会副会长、张家口市一级工艺美术大师。2016年，被河北省委、省政府评为第二批“河北省农村青年拔尖人才”；2018年11月，被评为河北省非物质文化遗产项目蔚县剪纸代表性传承人；2018年，被评为“蔚州十大金牌工人”。

2011年，作品《事茗图》在由中国民间文艺家协会、中国剪纸艺术节组委会共同主办的第二届中国剪纸艺术节暨首届蔚县国际剪纸艺术节中荣获铜奖；2014年，作品《五龙图》荣获第四届中国国际民间艺术博览会暨第四届中华（天津）民间艺术精品博览会铜奖；2015年，作品《蔚县剪纸从这里走来》荣获第五届中国剪纸艺术节二等奖；2016年，作品《溪山静远图》在第二届文博会“神工杯”工艺美术精品奖评选中荣获金奖；2016年，作品《马到成功，连连夺魁》荣获第五届中国剪纸艺术节二等奖；2017年6月，《蔚县剪纸》荣获第六届全国非遗联展金奖；2018年，作品《剪纸踏歌图》被中国农业博物馆收藏；2018年，作品《鸿运当头》荣获第六届河北省特色工艺美术精品大赛银奖。

四、工艺特征

（一）按内容分类

1. 花鸟虫鱼

花鸟虫鱼的形象在蔚县剪纸中所占分量较大，内容非常丰富，充满了田园风味。除了单一的动植物图案外，蔚县剪纸还常常采用搭配组合的方法，把一些有特别代表意义的动植物进行组合。

2. 戏曲人物

蔚县人爱看戏，因此在剪纸中出现了大量的戏曲人物。蔚县的戏曲剪纸有几百个剧目，上千个人物，且形态各异，均传神而不雷同。戏曲人物剪纸往往是成套创作，一般四幅为一回，一个剧目通常有两回、三回、四回不等。

3. 戏曲脸谱

戏曲脸谱是在戏曲人物剪纸的基础上发展起来的。为了更精彩地刻画人物形象，达到更高的审美要求，戏曲人物的脸部逐渐成为独立的刻画表现对象，于是便形成了独特的戏曲脸谱剪纸。戏曲脸谱剪纸依托传统戏曲中脸谱的艺术形式，通过格式化的图案和色彩塑造角色性格，表现人物的忠、奸、正、邪，极具装饰美。

（二）构图

蔚县剪纸以构图饱满、造型活泼、色彩斑斓、工艺奇特的艺术风格独树一帜。蔚县剪纸以阴刻为主，阳刻为辅，实多于虚，黑大于白，面强于线，在确定了一个主要形象后，再安排次要形象进行陪衬、烘托和装饰。主要形象突出醒目、阵脚沉稳，画面充实均衡，人物虽多但布局合理、疏密有致，全无堆砌之感。复用多色点染彩绘，达到了工致传神、雅俗共赏的效果。

（三）造型

蔚县剪纸的造型主要来自于日常生活，均生动活泼，散发着勃勃生机。蔚县剪纸的造型在写实的基础上结合了广大农民的欣赏习惯和审美趣味，并根据装饰的需要，进行了高度的概括和夸张的变形。蔚县剪纸的造型特别注重传神，甚至在一定限度内会舍形而取神，只求传达本质的神韵。

（四）色彩

蔚县剪纸的设色不受物体固有色的限制，有胆有魂，随心所欲，任意发挥。蔚县剪纸多使用明度和纯度高的色彩，色彩浓艳鲜明、对比强烈，显得热闹非凡、喜气洋洋。

传承人

刘海滨

代表作品

蔚州百工圖

《蔚州百工图》

《招财纳福》

五牛图
一牛絡首四牛閒弘
景高情想像間舐
齕詎惟誇曲肖要因
問喘識民艱
乾隆癸酉御題

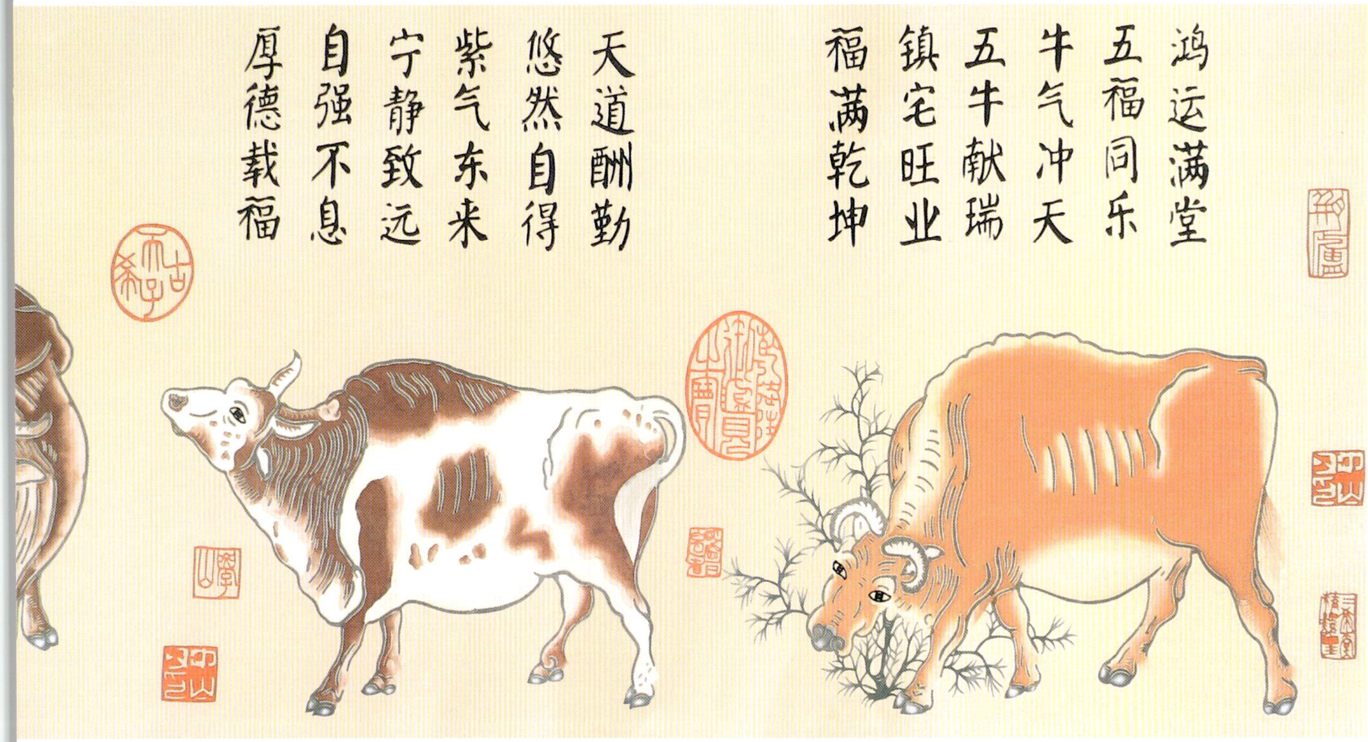

《五牛图》

《马到成功，连连夺魁》

《溪山静远图》

《蔚县剪纸从这里走来》

工艺流程

绘画

刻样

刻制

染色

粘活

装裱

河北历史文化遗存
档案优选

石雕技艺

保定市曲阳县

SHIDIAO JIYI
BAODINGSHI QUYANGXIAN

河北历史文化遗存档案表
（非物质文化遗产类）

档案号：HFG0005　　　　　　建档时间：2020 年 11 月

编号	项目	内容
1	名称	石雕技艺
2	项目级别	国家级非物质文化遗产
3	项目简介	曲阳的石雕技艺距今已有 2300 多年的历史，早在汉代，曲阳的石雕技艺就已用于建筑业。发展至北魏，曲阳石雕逐渐形成自己独特的风格。清末，曲阳石雕艺人雕刻的“仙鹤”“千枝梅”等作品曾在巴拿马国际艺术博览会上荣获银奖，故有“天下咸称曲阳石雕”之说。曲阳的石雕技艺坚持将现实主义和浪漫主义相结合，运用圆雕、浮雕、线雕等技法，将透视学、解剖学、美学融于石雕之中，其作品具备木雕之细腻、牙雕之玲珑、玉雕之逼真，造型优美，形神活脱，刀工细腻。曲阳石雕种类繁多，包括仿古作品、现代人物肖像、各式建筑、家庭装饰等。2006 年，石雕技艺被列入第一批国家级非物质文化遗产名录
4	调研报告	1 份，包括简介、发展沿革、传承谱系、工艺特征、发展现状等内容，约 1500 字
5	传承人照片	8 张
6	代表作品照片	14 张
7	工艺流程照片	7 张
8	生产场景照片	9 张

调研报告

资料提供者
刘红立
报告撰写
田野
采集支持
河北省工艺美术协会

一、简介

曲阳的石雕技艺距今已有2300多年的历史，早在汉代，曲阳的石雕技艺就已用于建筑业。发展至北魏，曲阳石雕逐渐形成自己独特的风格。清末，曲阳石雕艺人雕刻的“仙鹤”“干枝梅”等作品曾在巴拿马国际艺术博览会上荣获银奖，故有“天下咸称曲阳石雕”之说。曲阳的石雕技艺坚持将现实主义和浪漫主义相结合，运用圆雕、浮雕、线雕等技法，将透视学、解剖学、美学融于石雕之中，其作品具备木雕之细腻、牙雕之玲珑、玉雕之逼真，造型优美，形神活脱，刀工细腻。曲阳石雕种类繁多，包括仿古作品、现代人物肖像、各式建筑、家庭装饰等。2006年，石雕技艺被列入第一批国家级非物质文化遗产名录。

二、发展沿革

据《曲阳县志》记载：“黄山自古产白石，可为碑志诸物，故环山诸村多石工。”黄山位于曲阳县城以南，此地盛产洁白晶莹、坚韧细腻的汉白玉，是雕刻的上好材料，这个特有的资源是曲阳石雕早期发展的基础条件和重要因素。曲阳县境内最早的石雕艺术出自东汉光武帝。曲阳的石雕技艺在北魏时期得到大发展，品类和规模不断丰富和壮大，尤其是佛造像艺术达到了一个高峰。曲阳石雕经唐宋而日臻成熟，唐代时，曲阳县成为我国北方汉白玉雕像的发源地及雕造中心。元代时，涌现出了杨琼、王道、王浩等一批杰出的民间雕刻艺人。清末时，曲阳石雕有“天下咸称曲阳石雕”之盛名。新中国成立以来，曲阳的石雕艺人曾先后参加首都十大建筑、人民英雄纪念碑及天安门修复、毛主席纪念堂、引滦入津工程纪念碑等重要工程的建设。

三、传承谱系

国家级传承人：安荣杰、刘红立、刘同保。

刘红立，河北省一级工艺美术师，雕塑艺术家，2018年成为国家级非物质文化遗产项目代表性传承人。

省级传承人：赵淑红、田顺儒、和连朝、高英坡、王改敏。

市级传承人：王淑昌、甄从达、卢清、王建庄、田文斗、马自涛、王芳尔。

县级传承人：杨跃武、安信康、王勇、卢改凡、马腾原、赵玉昌、张红亮、贾会成、冉静坡、牛爱辉、高坡、安永朝。

四、工艺特征

曲阳石雕重视刻画人物的内心世界，讲究人物与人物之间、人物与动物之间的呼应。曲阳石雕重神韵的造型中是不唯形似，是去掉烦琐细节，抓住人的精神及结构的主旨，善于使用减法，以求造型在动态结构上达到传神的要求。曲阳石雕的造型千姿百态，构图形象各异。曲阳石雕艺人适形造型，根据石料的形状，以丰富的想象来雕刻出各式各样的石雕作品。曲阳石雕的线条飞扬流动，曲阳石雕艺人还发展了阴刻、阳刻、阴刻阳刻结合等多种线刻技法。曲阳石雕常常不拘一格地将圆雕、浮雕、线刻等技法混合并用于一件大型石雕作品之中，比如有的曲阳石雕中人物的头、手等部位为圆雕，而大部分身躯则是用依附于石壁的高浮雕形式，衣饰等细节则是通过线刻的形式表现出来，镶嵌、镂空等方法有时也被结合进来。

五、发展现状

曲阳的石雕技艺传承至今虽已有2000多年的历史，但随着社会的发展，传统的石雕技艺曾一度受到冲击。2006年，石雕技艺被列入国家级非物质文化遗产名录，这极大地促进了曲阳石雕的发展。时至今日，曲阳县已拥有了众多集石雕、板材、泥塑、不锈钢、铜雕等众多雕塑门类于一体的产业集群，不论是规模、产量、效益，还是工艺水平，均达到了前所未有的繁荣。如今，曲阳县拥有雕刻企业2300多家，从业人员10万余人，年销售收入超过60亿元，雕刻产品出口到100多个国家和地区。曲阳石雕占全国雕刻市场约60%的份额，占雕刻出口市场80%以上的份额，雕刻产业已成为曲阳县经济发展的支柱产业。截至2020年8月，曲阳县共有非物质文化遗产项目代表性传承人27人，其中国家级3人、省级5人、市级7人、县级12人。

传承人

刘红立

刘红立在示范传统石雕技艺

刘红立现场教学

刘红立在进行创作

代表作品

《天女散花》（刘红立）

《福寿》（刘红立）

《双色玉佛》（刘红立）

《道根儒茎佛叶花》（刘红立）

《水壶有水》（刘红立）

《滴水观音》（刘红立）

《千手观音》（刘红立）

《观音菩萨》（刘红立）

《坐兽观音》（刘红立）

《关公》（刘红立）

《刘备》（刘红立）

《骑马关公》（刘红立）

《事事如意》（刘红立）

《炎黄文脉》（刘红立）

工艺流程

选料

构图

刨荒

塑形

细雕

精琢

打磨抛光

生产场景

原料切割车间

泥塑车间

泥塑工作室

生产车间

数控车间

精雕车间

水洗打磨车间

成品库车间

打包车间

磁州窑烧制技艺

河北省峰峰矿区

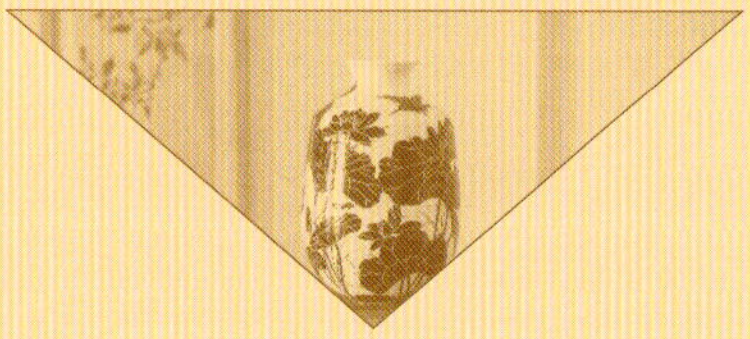

CIZHOUYAO SHAOZHI JIYI

HEBEISHENG FENGFENG KUANGQU

河北历史文化遗存档案表
（非物质文化遗产类）

档案号：HFG0006　　　　建档时间：2020 年 11 月

编号	项目	内容
1	名称	磁州窑烧制技艺
2	项目级别	国家级非物质文化遗产
3	项目简介	磁州窑发源于磁山文化，魏晋隋唐时期历经数百年的发展，宋金元为鼎盛时期，延续于明清及民国，至今逾千年而窑火不断，在历代传承中焕发着不竭的创造活力，被誉为世界陶瓷史上的“神话”。磁州窑以其辉煌的艺术、深厚的文化、悠久的历史著称于世，在中国陶瓷史上占有十分重要的地位，被历史学家称为陶瓷生产历史的“活化石”。磁州窑首创了中国文人水墨瓷画一派，是诗、书、画、印与陶瓷的完美结合，将中国的陶瓷画艺术推向了巅峰。磁州窑的装饰技法蔚为大观，为世界陶瓷装饰技法之冠。磁州窑的白地黑绘、红绿彩（又称金五彩）是中国彩绘瓷之鼻祖，对后世青花瓷、五彩瓷的发展影响深远。2006 年，磁州窑烧制技艺被列入第一批国家级非物质文化遗产名录
4	调研报告	1 份，包括简介、发展沿革、传承谱系、工艺特征、创新发展等内容，约 1600 字
5	传承人照片	1 张
6	代表作品照片	11 张
7	工艺流程照片	6 张
8	生产场景照片	3 张

调研报告

资料提供者

安际衡

报告撰写

刘浩

采集支持

河北省工艺美术协会

一、简介

磁州窑发源于磁山文化，魏晋隋唐时期历经数百年的发展，宋金元为鼎盛时期，延续于明清及民国，至今逾千年而窑火不断，在历代传承中焕发着不竭的创造活力，被誉为世界陶瓷史上的“神话”。磁州窑以其辉煌的艺术、深厚的文化、悠久的历史著称于世，在中国陶瓷史上占有十分重要的地位，被历史学家称为陶瓷生产历史的“活化石”。磁州窑首创了中国文人水墨瓷画一派，是诗、书、画、印与陶瓷的完美结合，将中国的陶瓷画艺术推向了巅峰。磁州窑的装饰技法蔚为大观，为世界陶瓷装饰技法之冠。磁州窑的白地黑绘、红绿彩（又称金五彩）是中国彩绘瓷之鼻祖，对后世青花瓷、五彩瓷的发展影响深远。2006 年，磁州窑烧制技艺被列入第一批国家级非物质文化遗产名录。

二、发展沿革

磁州窑烧制技艺历经数千年的传承，始终生生不息。新中国成立以来，磁州窑烧制技艺在历代传承人的手中薪火相传。

1993 年，磁州窑烧制技艺传承人安际衡创立了大家陶艺公司，开启了磁州窑生产性保护的发展路径，磁州窑的传承发展进入新的历史阶段。在安际衡等传承人的不懈努力下，磁州窑的传统生产工艺和装饰技法被不断地进行研究、挖掘，不仅恢复了磁州窑手工拉坯、手工绘画、手工雕刻等传统制作工艺，而且还开发出了具有浓郁古典风格和鲜明时尚元素的磁州窑艺术瓷，其中的白地黑剔花、白釉刻划花、黑地剔刻花、黑釉刻划花、铁锈花、红绿彩等技法堪称磁州窑的艺术精华。

2014 年 8 月，大家陶艺公司投资建设的磁州窑艺术馆正式免费对外开放，集磁州窑文物收藏陈列、现代精品展销、磁州窑学术交流、磁州窑传统工艺演示、陶艺体验互动等多种功能于一体的磁州窑文化艺术中心惊艳亮相，并逐渐成为展示磁州窑艺术、传播磁州窑文化、专家学者荟萃、嘉宾游客云集的磁州窑文化中心和旅游胜地。

三、传承谱系

第一代传承人：闫保山。

第二代传承人：安际衡。

第三代传承人：姚彦辉、杨晓美、姚红川。

四、工艺特征

磁州窑的装饰技法主要有白化妆刻划花、黑化妆刻划花、黑剔花、白地黑花等。白地黑花技法也被称为铁锈花，其特点是黑白对比强烈，多用国画大写意手法，工艺流程是先在瓷器的泥坯表面上施一层白色化妆土，然后用毛笔蘸上含有铁矿石成分的绘料（斑花石）在白色化妆土上进行图案绘制，图案绘制完成后再用竹签进行少量刻划，以增加画面的立体感，最后施一层透明釉。磁州窑的装饰技法使画面意境深远、潇洒大气，颇具传统水墨画之神韵，被世人誉为中国水墨瓷。

五、创新发展

大家陶艺公司的主要产品有磁州窑仿古瓷、艺术瓷、装饰瓷、陶艺茶具、文具、餐具等1000多个品种，公司设计生产的“磁州安氏”牌磁州窑艺术瓷系列产品不仅被评为河北省首届文化产业产品十佳品牌，还是河北省著名商标。近年来，公司相继被评为国家级非物质文化遗产生产性保护示范基地、河北省非物质文化遗产生产性保护示范基地、省级科普基地、河北省文化产业示范基地。

目前，公司培养了一批专业技术人才，其中包括国家级非遗传承人和中国陶瓷艺术大师1人、省级陶瓷艺术大师4人、省级青年艺术家5人。公司创始人、磁州窑艺术馆馆长安际衡毕业于中央美术学院，2010年5月被河北省政府授予“创业功臣”称号，2012年被文化部授予国家级非物质文化遗产项目磁州窑烧制技艺代表性传承人，2016年被评为中国陶瓷艺术大师，2018年当选第十三届全国人大代表。安际衡始终致力于磁州窑的研究与发展，以弘扬磁州窑文化、传播磁州窑艺术、推动磁州窑创新发展为己任，孜孜以求，贡献卓越。

公司作为峰峰矿区主要的旅游景点之一，积极营造安全、整洁、有序的参观环境，不仅扩大了磁州窑的影响力，还极大地带动了峰峰矿区的旅游发展，提高了峰峰矿区的知名度，逐渐成为弘扬邯郸璀璨文化的一张响亮名片。此外，公司还充分发挥专业优势，积极主动且高质量地完成了区委、区政府交办的各项对外接待、对外宣传的任务，树立了峰峰矿区的良好形象。据不完全统计，公司已接待来自全国各地及日本、韩国、美国、英国、瑞士等国家和地区的参观考察团200余次。

传承人

安际衡

代表作品

《吉祥荷口》

《水墨荷花》

缠枝牡丹梅瓶

祥龙瓶

童戏梅瓶

《天籁》

《天雅》

胡服骑射盘

《花雨》

《鸟语花香》

鱼藻纹梅瓶

工艺流程

拉坯

刻剔划

刻画镂空

上釉

烧成

选瓷

生产场景

生产车间

拉坯组

刻画组

河北历史文化遗存
档|案|优|选

定瓷烧制技艺

保定市曲阳县

DINGCI SHAOZHI JIYI
BAODINGSHI QUYANGXIAN

河北历史文化遗存档案表
（非物质文化遗产类）

档案号：HFG0007　　　　建档时间：2020 年 11 月

编号	项目	内容
1	名称	定瓷烧制技艺
2	项目级别	国家级非物质文化遗产
3	项目简介	定窑是宋代五大名窑之一，曾被称为“天下第一瓷”，素有“玲珑剔透万般好，静中见动青山来”的美赞。定窑遗址位于河北省保定市曲阳县涧磁村、北镇、燕川一带，总面积达 150 多万平方米，曾是定瓷的发源地。定瓷的传统烧制技艺极其复杂，并且是最早使用覆烧法烧制瓷器的一种技艺，这是陶瓷史上的一项伟大发明，对中国陶瓷史的丰富和发展有一定的推动作用，因此定瓷烧制技艺在历史上有着不可替代的地位。近年来，随着定瓷传统烧制技艺抢救和保护工作的不断完善，对发掘和弘扬定瓷文化具有重要的理论和现实意义
4	调研报告	1 份，包括简介、发展沿革、传承谱系、工艺特征、典型传承企业、传承机制创新性发展等内容，约 5300 字
5	传承人照片	6 张
6	代表作品照片	19 张
7	工艺流程照片	15 张
8	生产场景照片	9 张

调研报告

资料提供者

庞永辉

报告撰写

任佳雨

采集支持

河北省工艺美术协会

一、简介

定窑是宋代五大名窑之一，曾被称为“天下第一瓷”，素有“玲珑剔透万般好，静中见动青山来”的美赞。定瓷遗址位于河北省保定市曲阳县涧磁村、北镇、燕川一带，总面积达150多万平方米，曾是定瓷的发源地。

定瓷以白瓷著称，其特点为“白如玉，薄如纸，声如磬”，《归潜志》有联语“定州花瓷瓯，颜色天下白”。定瓷的装饰技法以白釉印花、白釉刻花和白釉划花为主，兼有白釉剔花和金彩描花等技法。印花以花卉为主，主要有莲、菊、萱草、牡丹等，也有鸳鸯、龙、凤、狮子等动物图案，构图严谨，讲究对称，工整素雅的白釉印花定器历来被视为陶瓷艺术中的珍品。

定瓷的传统烧制技艺极其复杂，并且是最早使用覆烧法烧制瓷器的一种技艺，这是陶瓷史上的一项伟大发明，对中国陶瓷史的丰富和发展有一定的推动作用，因此定瓷烧制技艺在历史上有着不可替代的地位。近年来，随着定瓷传统烧制技艺抢救和保护工作的不断完善，对发掘和弘扬定瓷文化具有重要的理论和现实意义。

二、发展沿革

定瓷的烧制始于唐代，鼎盛于宋代，衰落于元代，具有悠久的历史文化，是北方地区影响深远的一个重要窑系。

1972年，在国家领导人的亲切关怀下，定瓷走上了复兴之路。1976年，保定地区工艺美术定瓷厂、河北省曲阳县定窑瓷厂先后建立，定瓷开始走向新生。1978年，保定地区工艺美术定瓷厂组建了定瓷实验小组。1984年，随着河北陶瓷艺术展的举行，使定瓷产品引起了社会关注。1992年，陈文增、蔺占献、和焕成立了河北省曲阳定瓷有限责任公司。1999年，陈文增制作了“四海呈祥”云龙雕花瓶为新中国成立50周年献礼。2001年，陈文增创立的“瓷、诗、书三联艺术”入选大世界基尼斯之最。2008年，定瓷烧制技艺被列入国家级非物质文化遗产名录。2013年，河北省曲阳定瓷有限责任公司迁建。2014年，通过调研访问，雷茜对定瓷产业存在的问题进行了分析，发现供不应求、产品溢价小、技术缺乏等问题亟须解决。2015年，韩莉对定窑的复兴过程进行了阐述，认为陈文增、蔺占献、和焕三人推动了当代定瓷的复兴。2017年，庞永辉对定瓷的拉胚技术进行了解释，通过对比分析法，总结出当代艺术定瓷的拉胚应走向单纯洗练画，用简单的线条表达深刻的情感，反映浓厚的生活气息。

三、传承谱系

第一代传承人：陈文增、蔺占献、和焕、赵平欧、刘占印、牛占圈。

陈文增，中国工艺美术协会副理事长，中国陶瓷工业协会常务理事，中国书法家协会会员、中华诗词学会会员，首都师范大学、燕山大学、河北大学、河北师范大学兼职教授。他从事定窑研究生产30余年，使失传千年的历史名窑再现人间。陈文增有多件作品曾获工艺美术大奖，并被英国珍宝博物馆、人民大会堂、中南海紫光阁、国家博物馆、中国美术馆等权威机构收藏，曾有《定窑研究》《定窑陶瓷文化及其造型装饰艺术研究》《陈文增定瓷作品精选》《陈文增诗词》《陈文增书法作品集》等专著出版，曾获“全国优秀科技工作者”“中国陶瓷名窑恢复与发展贡献奖”“非物质文化遗产保护工作先进个人”“国家级非物质文化遗产项目代表性传承人”等称号。

蔺占献，中国陶协定窑研究院常务副院长，河北省曲阳定瓷有限责任公司总工程师，河北省一级工艺美术大师，享受国务院特殊津贴，高级工程师，中国古陶瓷研究会会员、中国工艺美术学会会员、中国陶瓷工业协会会员，中国宋代五大名窑展专家委员会委员。他从事定窑原料、釉料研究30余年，先后于定窑白定、黑定、红定、紫定等研究方面获得成功，为定瓷由传统工艺转轨提供了良好的泥料和釉料，是定瓷复兴时期承前启后的重要人物。

和焕，主要负责定窑印花、雕花工艺的技术攻关工作。30余年来，她夜以继日、殚精竭虑，终于使失传千年的传统技艺重现人间。和焕对定窑的失传技艺进行了深入探究，在与古人技艺的对话中获得了最直接的艺术真谛，因此她的作品富有经典形式和个性理念，受到国内外权威机构和专家的肯定。1991年，和焕于《河北陶瓷》上发表了学术论文《定窑印花工艺初探》，在古陶瓷及工艺美术界引起了极大轰动，并因此在定窑的恢复过程中担任理论指导。2006年，和焕的《定窑装饰纹样》一书出版，不仅填补了历史空白，还极大地推动了定窑的深入研究。2007年，和焕于国家级刊物《陶瓷科学与艺术》上发表了《当代定窑装饰之拓展》，进一步促进了定窑的创新发展。陈文增在评价和焕的艺术成就时说：和焕从事定窑研究30年，定窑印花、雕花是她研究的主题，她在定窑的恢复与发展的过程中做出了杰出贡献，也因此享誉国内外，成为国内外少有的印花研究权威和雕花艺术家。和焕有多件作品被英国珍宝博物馆、人民大会堂、中南海紫光阁、国家博物馆、中国美术馆等权威机构收藏。

赵平欧，河北省曲阳定瓷有限责任公司副总工程师、工艺美术师，河北省工艺美术家，河北省民间工艺美术大师，中国古陶瓷研究会会员、中国陶瓷工业协会会员。他参加工作30年来，致力于定瓷的恢复与研究工作，在仿古工艺的挖掘与创新方面孜孜以求、勇于探索，尤其在定窑的拉坯、印坯、印花等工艺实践中发挥了积极作用，创造了良好的经济效益与社会效益。赵平欧的作品曾多次参加国内外大展并获奖，还有多件作品被英国珍宝博物馆等权威机构收藏，曾发表论文《定窑印坯试说》等。

第二代传承人：庞永辉、韩庆芳、白耀亮、刘金、王士娟、牛红娜、韩爱芳。

庞永辉，河北省曲阳定瓷有限责任公司拉坯部经理，河北省工艺美术大师，河北省有突出贡献中青年专家，首届河北省十大金牌工人。经过近20年的研究与实践，庞永辉对当代定窑的拉坯手法进行了大量的改进，所制成的毛坯只在坯体表面平修一两刀就能达到规定的厚度，不仅提高了生产效率，还节约了陶瓷原料，降低了生产成本。庞永辉继承并发展了唐代的跳刀纹装饰，将唐代仅有的一两种纹样演变成了几十种纹样，成为当代定窑的装饰主流，被媒体称为“当代跳刀第一人”。

韩庆芳，河北省曲阳陈氏定窑瓷业有限公司工艺师、高级技师，河北省工艺美术大师。

白耀亮，保定市工艺美术大师，中国工艺美术学会雕塑专业委员会会员，河北工艺美术协会常务理事，曲阳秋鸿定瓷艺术有限公司总经理、总工艺师。白耀亮成功地把定瓷艺术与雕塑艺术相结合，创造出了定瓷高浮雕和高线条的装饰技法，其作品多次荣获国家级大奖，还有多件作品被国家博物馆等权威机构收藏。

第三代传承人：王淑昌、王朝、杨少敏、陈丛杰、彭源、武莎、葛向娜、石玉春、刘然。

王淑昌，中国工艺美术大师，中国石雕艺术大师，曲阳县艺华雕塑有限公司董事长。1965年高中毕业后，王淑昌便师从卢进桥大师学习牙雕、石雕、木雕技艺，后又从事玉雕创作。她雕塑的人物造型构思巧妙，比例准确，衣服的线条流畅细腻，衣带飘逸，脸型端正，面部丰满，慈祥有神。王淑昌在创作时善于运用圆雕、镂雕、浮雕等手法，这使得她的作品气韵生动，极富艺术张力。

第四代传承人：陈伟、贾新龙、齐丹、韩晓娣、王凤会、荀凤娟、荀成强。

近年来，在定窑“三杰”——陈文增、蔺占献、和焕的带领下，曲阳县不断培养出新的定瓷人才，在技艺上精益求精。曲阳县的定瓷工艺大师资源逐渐丰富，并形成了曲阳县专家智库。其中，韩庆芳根据唐宋历史，并结合当下“一带一路”的主题，把古丝绸之路文化与定瓷相结合，拓展了定瓷的对外贸易；王淑昌依靠先进的试验设备，开创了定瓷的“微铅”时代。

四、工艺特征

（一）石雕刻花艺术

宋代是定窑的发展时期，不论是产量、质量，还是制作工艺的水平，较之前都有了明显提高。早期的定窑饰以浮雕莲瓣纹居多，莲瓣肥大，与五代及宋初时越窑的风格类似。早期的定窑均用匣钵装烧，不见有芒口碗，可知尚未采用覆烧工艺。中期定窑的浮雕莲瓣纹明显减少，葵瓣口相对较多，且萱草划花纹开始出现。北宋末年，定窑广泛采用覆烧法，口边多不施釉，然后在芒口处镶金嵌银，成为金边、银边相结合的白瓷珍品。在北宋早中期刻花装饰的基础上，定瓷窑工逐渐摸索出了一套适合薄胎薄釉的白瓷装饰工艺。刻花由早期的重刀深刻和追求立体感，转变为打造隽秀流畅、生动自如、潇洒飘逸的线条装饰，形成了划刻结合、刻印结合、深浅有致、生动流畅的独特风格。定窑刻花最突出的特点就是清晰流畅，刀法极为娴熟。窑工根据不同风格的图案与器物选择不同的刀法，灵活掌握运刀时的轻重缓急，线条变化极为丰富，充分体现出定窑工匠熟练的技巧，以及定窑刻花这种装饰技法超凡的艺术表现力。

装饰技法以白釉印花、白釉刻花和白釉划花为主，还有白釉剔花和金彩描花等技法。印花以花卉为主，主要有莲、菊、萱草、牡丹等，也有鸳鸯、龙、凤、狮子等动物图案，画面严谨，讲究对称。图案饱满而密集，金银装饰较少，这就使得定瓷的刻花艺术保持了简约大气的特点。

如今，距陈文增、和焕等人恢复定窑刻花技艺已有 30 余年，定窑刻花这一传统技艺在一代代定窑人的艰辛探索中不断完善，习古创新，逐渐成熟。20 世纪 70 年代末，陈文增等人在十分艰苦的条件下研发出了刻花所需的单线刀、双线刀和组线刀，一举解决了定窑刻花中双线的划刻问题。同时，陈文增收集了大量的传统定窑古瓷片，对其线条特点、纹样等进行了详细的对比分析，最终总结出了一套完整的定窑刻花理论。在不断进行实践的同时，陈文增等人还对当代定窑刻花技艺进行了梳理总结，将定瓷及其传统技法收录成书，并发表了多篇专业论文，填补了当代定窑的文献资料空白。在陈文增等工艺大师的不懈努力下，曲阳县的定瓷产业不断发展，其丰富的文化资源不断转化为产业优势，不仅使定瓷获得了崇高的艺术地位，还创造了一系列丰硕的艺术成果。

（二）烧制技艺

在定瓷的原料方面，北方瓷胎和瓷釉的原料构成比较复杂，主要原料包括黏土、长石、石英、白云石、方解石等。在当地掘取石英、长石、黏土等原料，按一定配比加工成泥料，经陈腐后方可进行拉坯成型的操作。定瓷的胎质坚密细腻，釉色透明，柔润媲玉。

烧成是陶瓷生产过程的最后一道工序，各大窑场都有瓷器“生在成型，死在烧成”“行不行，看烧成”之说，也就是说一件瓷器经过数道工序后，如果装窑、烧成不当，就会前功尽弃，毁于一旦，且不可挽回。

定瓷主要有拉胚成型和注浆成型两种方法。拉胚成型是将炼就完成的泥料放在转动的轮盘上，借助轮盘转动的力量，用双手将泥料拉成坯体的成型方法。拉胚成型的方法主要用于制作盘、碗、罐等器物，这些器物的手感较为沉重，个别胎体薄且分量轻，形状不完全相同。

五、典型传承企业

河北省曲阳定瓷有限责任公司成立于 1992 年，是国家级非物质文化遗产定瓷烧制技艺的保护单位、国家博物馆指定生产厂家。公司现有全国人大代表 1 人，全国劳动模范 1 人，五一劳动奖章获得者 1 人，享受国务院特殊津贴 4 人，省级非遗传承人 4 人，国家级大师、省级大师、市级大师各 6 人。2016 年起，陈文增的大弟子庞永辉作为新一代的定窑掌门人，秉承恩师陈文增提出的定窑文化新概念，坚持将定窑的传统工艺向当代艺术瓷、生活用瓷转轨。作为非物质文化遗产，定瓷烧制技艺从失传到恢复，再到进一步发展，这是一代代定瓷人艰苦奋斗的结果。定瓷作为曲阳的三大文化之一，不仅活跃了地方的文化经济，还为加强中外友好关系做出了贡献。

六、传承机制创新性发展

（一）创新人才培养机制

曲阳县的陶瓷文化历史悠久，但定瓷人才和各类有关人才却并不多。目前，曲阳县的定瓷产业发展还存在着很多问题，如人才开发机制不完善、人才管理薄弱、从业人员的综合素质较低等。曲阳县定瓷产业的从业人员中有很大一部分来自农村，这就使得定瓷人才的培养受到了限制，需要进一步加强培训。如今，曲阳县的定瓷产业发展仍处于初级阶段，企业和产业协会的资金力量较为薄弱，所以需要政府与企业协同合作，并把人力资源开发与管理工作摆在更为重要的层面。曲阳县的定瓷人才培养，不仅要加强村域间的人才交流，还要加入高校和高职院校对定瓷人才的培养。

（二）加快定瓷产业集聚

目前，曲阳县的定瓷作坊众多，这些作坊大多各成体系，集聚效应小，且各作坊的功能设施完善，这就导致在同一区域内，很多定瓷企业的功能设施出现了重复，造成了浪费。政府应引导这些作坊成立集团，组建优化模式：一是组建产品研发机构，向企业提供新技术；二是组建专业的原料集团，负责供给原料；三是组建专业的包装设计团队，为企业设计包装，并提供包装材料。

（三）增强政府的带动作用

曲阳县的陶瓷企业大部分经济实力较弱，且所涉及的领域有限，自身的技术创新能力不足，因此政府应进一步完善相关的法律法规，对陶瓷企业的创新进行制度保护，调动陶瓷企业的创新积极性。加强政府的宏观调控，针对陶瓷产业的发展情况制定新的政策，提高普通百姓对陶瓷产业的兴趣，促进陶瓷产业的投资发展。政府应从全局角度了解当地陶瓷产业的整体发展方向，加强陶瓷行业机构的建设，充分体现当地的陶瓷企业特色，创造区域性的影响力，提高当地企业的知名度，提升地方产业的综合能力。

（四）打造定瓷文化品牌

对于定瓷文化品牌的建设可以参照其他优秀陶瓷的发展经验。首先，政府和企业要大力加强对定瓷文化品牌的宣传，让更多人了解定瓷。其次，努力打造定瓷文化品牌的消费理念，建立定瓷文化品牌联盟，并逐渐扩大定瓷的市场空间。再次，努力推进定瓷产业的发展，参照行业内先进的产业标准，推动定瓷产品进行优化升级，从而打造良好的定瓷文化品牌形象。最后，加大力度提升定瓷的品牌质量，要始终坚持精雕细琢、精益求精的工匠精神。

传承人

陈文增

蔺占献

和焕

庞永辉

韩庆芳

王淑昌

代表作品

"四海呈祥"云龙雕花瓶（陈文增）

“三联艺术”贵妃瓶（陈文增）

《天下归心》印花大碗（陈文增）

《墨龙池》（陈文增）

黑釉圆腹瓶（蔺占献）

兔毫盏（蔺占献）

黑釉瓜棱罐（藺占献）

凤尾瓶（和焕）

《秋萝》剔花瓶（和焕）

定窑生态系列之一（和焕）

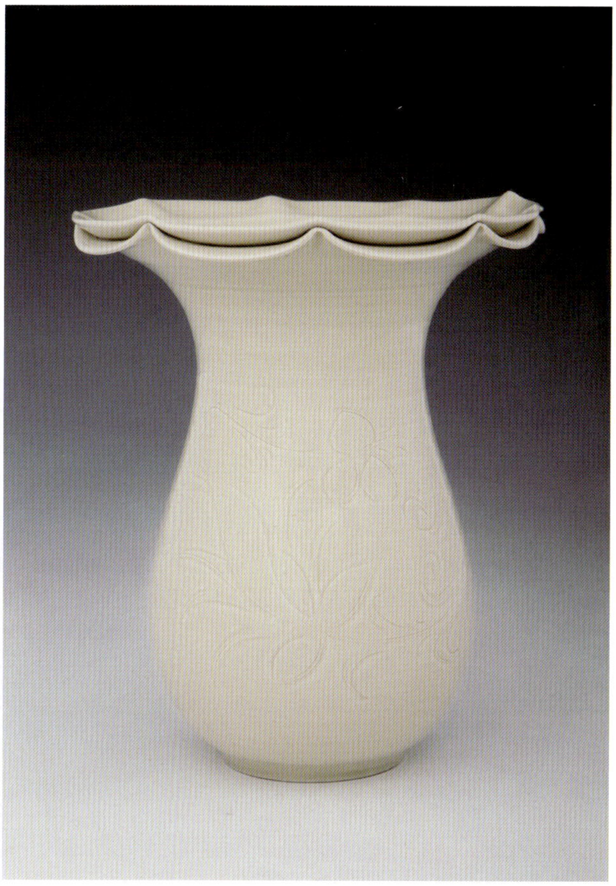
定窑刻花瓶《荷衣》（庞永辉）

定窑刻花瓶《石榴花开》（庞永辉）

菱口刻花洗（庞永辉）

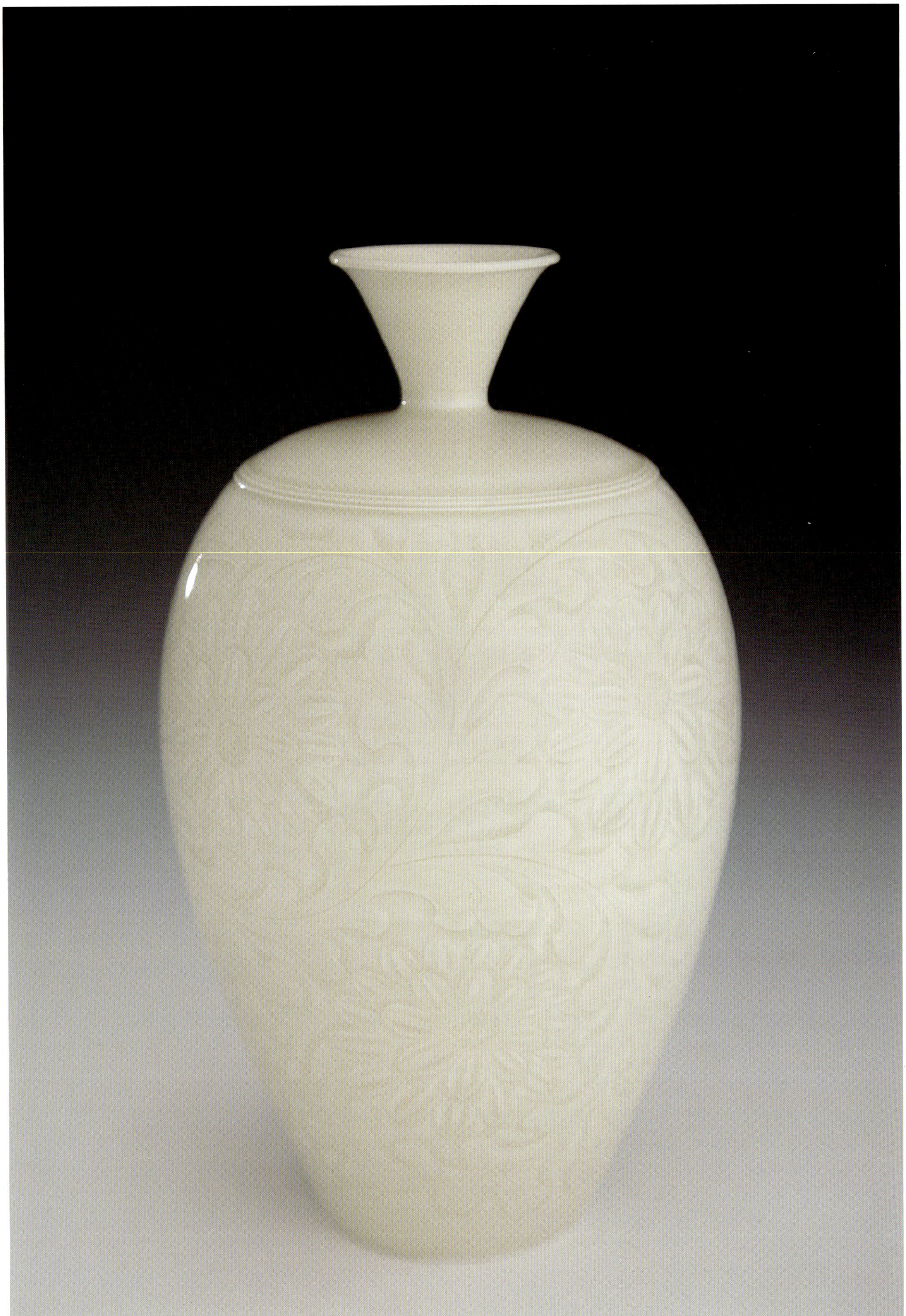

菊纹剔花喇叭口瓶（韩庆芳）

《向日葵》剔花樽（韩庆芳）

《手留余香》玫瑰纹剔花瓶（韩庆芳）

《流金岁月》（王淑昌）

窑变盏六件套（王淑昌）

工艺流程

原料

粉碎

制作模型

拉坯成型（古法）

注浆成型（现代）

滚压成型（现代）

修坯

装饰

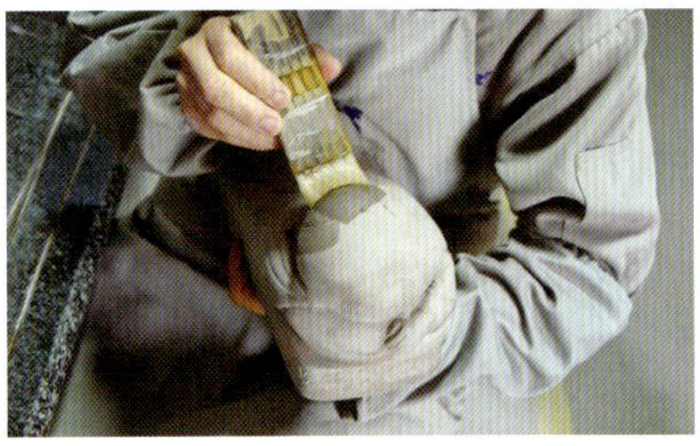
素烧前水抹

素烧后再次水抹

上釉

装窑

出窑

验瓷

包装

生产场景

实验室

滚压车间

拉坯车间

注浆车间

模型车间

水抹车间

剔花车间

烧成车间

验瓷车间

河北历史文化遗存
档|案|优|选

砚台制作技艺

保定市易县

YANTAI ZHIZUO JIYI
BAODINGSHI YIXIAN

河北历史文化遗存档案表
（非物质文化遗产类）

档案号：HFG0008　　　　建档时间：2020 年 10 月

编号	项目	内容
1	名称	砚台制作技艺
2	项目级别	国家级非物质文化遗产
3	项目简介	易水砚是中国历史最悠久的古砚之一，产于河北省易县的易水河畔，算得上是石砚的先行者。宋代以后，易水砚与广东的端砚齐名，有“南端北易”之称。易水砚，古称奚砚、燕畿乌金砚，相传其始于战国，盛于唐宋，历代为宫廷贡品。2006 年，易县东汉墓出土的汉代石黛板被专家认定为迄今为止所发现的年代最早的易水砚，这表明易水砚至少已有 1800 多年的历史。2008 年，砚台制作技艺被列为第二批国家级非物质文化遗产
4	调研报告	1 份，包括简介、发展沿革、传承谱系、工艺特征、发展现状等内容，约 3200 字
5	传承人照片	2 张
6	代表作品照片	10 张
7	工艺流程照片	9 张
8	生产场景照片	2 张

调研报告

资料提供者

崔小超

报告撰写

李紫薇

采集支持

河北省工艺美术协会

一、简介

易水砚是中国历史最悠久的古砚之一，产于河北省易县的易水河畔，算得上是石砚的先行者。宋代以后，易水砚与广东的端砚齐名，有“南端北易”之称。易水砚，古称奚砚、燕畿乌金砚，相传其始于战国，盛于唐宋，历代为宫廷贡品。2006年，易县东汉墓出土的汉代石黛板被专家认定为迄今为止所发现的年代最早的易水砚，这表明易水砚至少已有1800多年的历史。2008年，砚台制作技艺被列为第二批国家级非物质文化遗产。

据《易州志》载：“砚台，产于台坛村，”“石质不亚端溪，”“砚石有紫、绿、灰、白诸色，质细而坚，为砚颇佳。”易水砚产于古易州，因地得名，始于战国，盛于唐宋。战国时期，易水河流域属燕国，据《文房四谱》载：燕人易元光精于制墨，精通研墨，家族少长皆亲砚席，南唐后主李煜曾赐易州墨砚世家奚氏以国姓李，奚氏后人李廷圭曾充任墨官，随后李廷圭又将易水古法技艺传到安徽歙州。唐代李白曾称赞其：“一方在手转乾坤，清风紫毫酒一樽。醉卧黄龙不知返，举杯当谢易水人。”到了宋代，易水砚更是受到了赵氏皇族的青睐，为宫廷贡品中名砚之珍品，当时有鉴赏家曾称赞易水砚：“质地坚润而刚，颜色嫩而纯，滑中有涩，涩中不滞笔，涩而易发墨，其色尤艳。”明代时，有鉴赏家曾称赞易水砚：“质之坚润，琢之圆滑，色之光彩，声之清冷，体之厚重，藏之完整，为砚中之甲。”易水砚取材于太行山区的西峪山，石料是色彩柔和的紫灰色水成岩，有的还点缀着天然的碧绿或淡黄色的斑纹，甚至有暗紫、碧绿等不同色彩呈页状叠积，俗称紫翠石、玉黛石，其石面光泽，细润如玉，质刚而柔，石质优良，堪比端歙，是制砚的最佳石料。所制砚台发墨快，不伤毫，墨汁流润而不易蒸发，具备了发墨、贮墨、润笔、励毫的优良特性。千百年来，易水砚以其天赋优等的石料和别具一格的艺术风格闻名中外。

二、发展沿革

易县崔氏是中国著名的砚雕世家，世代制砚。家传三方古砚，可将崔氏制砚的历史追溯至500多年前的明宣德时期，家族世代以制砚为生，可谓绵延传承。500多年来，崔氏制砚技艺代代相传，默默耕耘，如今仍传承着自家特有的制砚技艺。

至清代，崔氏祖上曾与朝廷的一位内侍相识，后来这个内侍加官晋爵，便将崔氏易砚推荐到了宫中，一时竟供不应求，崔氏家族也随之声名显赫。建造清西陵及皇家行宫时，崔氏制砚匠人崔勋及其后人为朝廷修建了石刻建筑。1985 年，崔氏制砚的第六代传人崔启祥在易水名砚厂任厂长。1987 年，崔氏砚雕工艺作坊创立，为易砚传承培养了诸多人才，门下有工艺美术大师、制砚匠人 30 多人。崔氏制作的素砚尤为精妙，讲究以用为功，秉古承今，古朴典雅，历来都是文人墨客追捧的文房至宝。1997 年，崔氏砚雕为庆祝香港回归，前后约 20 人，历时两年雕刻了重达 28 吨的“双塔回归砚”，曾创下吉尼斯世界纪录。1999 年，崔氏砚雕工作室在保定市成立。2007 年，崔氏砚雕工艺厂在河北省易县创办，2013 年被河北省文化厅列为河北省非物质文化生产性保护示范基地。2019 年，河北崔氏古砚被中国老字号文化研究中心列为燕赵老字号保护名录项目，并在第十二届河北省民俗文化节主会场进行了展览。2020 年，崔氏古砚传拓工作室在保定市成立，主要进行制作砚拓和培训学员的工作。近年来，崔氏砚雕人才济济，先后涌现出了雕刻师、设计师、省级工艺美术大师共 30 余人，其作品曾多次荣获国家级大奖，还曾两次作为国礼被赠予外国元首及外宾。

三、传承谱系

第一代传承人：崔子禄。

第二代传承人：崔世恩。

第三代传承人：崔老寿、崔王氏。

第四代传承人：崔老旺、崔老润。

第五代传承人：崔志义。

第六代传承人：崔启祥。

第七代传承人：崔小超、崔小波。

崔小超，河北省工艺美术大师，国家级非物质文化遗产项目省级代表性传承人。作品《辛亥百年》曾在第十二届中国工艺美术大师博览会上获得中国工艺美术精品银奖，同时入选了由中国轻工业联合会和人民政协报社共同在政协礼堂主办的“缔造辉煌——纪念辛亥革命 100 周年百名大师百件工美精品展”；作品《松山畅叙》曾获 2008 年中国工艺美术大师精品百花杯金奖；作品《印象江南》曾获 2010 年中国工艺美术金凤凰创新产品设计大奖赛银奖。作品《邀月》被中华民族珍品艺术馆收藏；作品《易水龙砚》被中国非物质文化遗产博览馆收藏；作品《西夏行》被宁夏博物馆收藏；作品《墨绿》被山东省岭上砚文化博物馆收藏。

四、工艺特征

（一）易砚制作工序

古法制砚一般是参考古代的《砚谱》及古砚的法度，以手工雕刻，共有 7 道工序，分别为相石、构思、绘图、雕刻、打磨、上蜡、制拓。

因砚石十分脆弱，古今均禁止爆破开采，只能人工开采，费时艰辛，来之不易。矿山开采的石料不一定都适合制砚，石料也有极、特、好、中、差等级别之分，极品砚石百年一遇，特级砚石更是千里挑一。制砚师选料时，除注重砚石的材质、形状、颜色外，还十分注重石品、花纹、石眼、石胆、石晕等。他们以料构思，因石定型，巧妙地利用砚石上的天然石眼和俏色，把砚的蓝图勾勒出来。除了传统的砚形、砚式外，还要充分利用天然石皮，将文学、历史、绘画、书法、金石等融于一体。一般还会用粗砂纸或油石打磨，磨去凿口、刀路、凸茬等，然后再用滑石、细砂纸打磨，最好是用一千目以上的水砂纸反复磨光，直到手感光滑，光洁如镜，最后还要根据需要浸墨润石、蒸砚润蜡。古砚传拓，又称砚拓，砚拓主要是反映砚台表面凹凸起伏的雕刻图案和金石文字的砚铭，其表现出来的质感和真实效果与实物非常接近。崔小超曾说：一件好的砚拓能够表现出水墨画般的墨韵和意境，砚拓虽是艺术的衍生品，但本身也具有很强的艺术观赏性。

（二）雕刻工艺

制作易水砚一般需要使用钻、刀、铲、锯等工具，依料定型，因石构图，根据砚璞石质，去粗存精，认真构思，并考虑题材、立意、构图、形制及雕刻技法。进行创新时要因材施艺，依据砚石的自然特征进行设计，利用砚石的纹理巧妙雕琢，以娴熟的浅浮雕刀法为主，结合镂雕、圆雕的运用，对比鲜明，效果明显，力求画面丰富生动，主题鲜明深刻。

制砚师用传统的平雕、浮雕技法，根据石料的形态及纹饰，雕出人物、花草、龙凤、鸟虫等，经常出现的有“二龙戏珠”“九龙戏凤”“龙凤呈祥”“龙凤朝阳”“神龟献宝”“水漫金山”“福寿双全”“苍龙教子”“金龟献寿”“八马俊图”“五龙戏珠” “十二生肖” 等具有民族特色和风格的画面。

易水砚的砚石大多生有天然石眼或石胆，这就为活灵活现地表现花鸟鱼虫、自然风物、亭台楼阁和历史人物等提供了广阔的空间。因此，易水砚的设计也就成了表达艺术灵性的重要环节，成为化腐朽为神奇、给予厚重的石料以鲜活生命和灵魂的伟大创造。

（三）总体布局

易水砚随料定型，顺理成章，刀法精细，形态逼真。其质地细腻，硬度适中，并且做工精细，造型古朴，典雅大方，古色古香，不仅是文房四宝之一，还具有较高的观赏和收藏价值。崔氏易水砚注意整体刻画，大局安排，主题突出，有条不紊，它朴素而不单调，粗犷而不鄙野，浑厚而不凝滞，豪放而不疏散，充满着大胆的想象和夸张，有一种飞扬和流动的感觉，更有一种气势之美。

五、发展现状

崔氏易水砚坚持传承手工技艺和经典作品，其之所以能够在历史的波涛中经久不衰，溯其原因，主要是崔氏易水砚一直以来都有雕刻明清宫廷风格的传承。然而要想继续发扬光大，崔氏易水砚就一定要做到秉古承今，在坚持传承的基础上，必须努力开发新的产品。

如今，崔氏易水砚已经在不断地创新发展衍生产品，更多地融入生活、走向市场。第七代传承人崔小超在崔氏易水砚文化的基础上融入了南方薄意山水工艺的精华，将端砚圆刀的技法运用到砚雕之中，并将手钻加入制砚过程中，将易水砚做成了具有南方风格的北方砚台。他还丰富了雕刻的图案与技法，把曲阳的石雕技艺引入易水砚的制作过程，增加了砚台的立体感和层次感。

传承人

崔小超

第七代传承人崔小波（左）、崔小超（中）与第六代传承人崔启祥（右）

代表作品

民国时期双龙戏珠砚（崔小超）

三足风池砚（崔小超）

明代抄手砚（崔小超）

清代蜘蛛砚（崔小超）

北魏石砚（崔小超）

三足辟雍砚（崔小超）

《溪山清远图》（崔小超）

玉琮砚（崔小超）

玉琮砚局部图

《映像江南》茶盘（崔小超）

工艺流程

选料

整砚形

设计、绘图

凿砚池

雕刻纹饰

打磨

上蜡

古砚传拓

拓片效果图

生产场景

重温锯石古法

制作易水砚

河北历史文化遗存

档|案|优|选

馆陶黑陶制作技艺

邯郸市馆陶县

GUANTAO HEITAO ZHIZUO JIYI

HANDANSHI GUANTAOXIAN

河北历史文化遗存档案表
（非物质文化遗产类）

档案号：HFG0009　　　　建档时间：2020 年 11 月

编号	项目	内容
1	名称	馆陶黑陶制作技艺
2	项目级别	省级非物质文化遗产
3	项目简介	黑陶源自龙山文化，距今已有6000余年的历史，而馆陶县则素有“中国黑陶艺术之乡”“中国黑陶、彩陶研究基地”之称。馆陶县的黄土资源丰富，在西汉、唐代、宋代、元代、明清时期一直都有制陶活动，馆陶黑陶不仅体现了劳动人民的智慧，还展示了中华文化的博大精深。多年来，馆陶人经过不懈地研究和发掘，终于掌握了黑陶的制作技艺，即通过封窑技术，让弥漫在窑中的浓烟利用科学的渗碳原理，将烟中的碳粒渗入坯体而呈黑色。馆陶县的黑陶制品黑如漆、亮如镜、声如磬，叩之有声，尽墨玉之美，泛青铜之光，古朴典雅，奇丽华贵，有日用品、工艺品等多个种类，适于日用欣赏和品鉴收藏，如今已远销东南亚和欧美地区。2006 年，馆陶黑陶制作技艺被列入河北省第一批非物质文化遗产名录
4	调研报告	1 份，包括简介、发展沿革、传承谱系、工艺特征、发展现状等内容，约 1300 字
5	传承人照片	1 张
6	代表作品照片	7 张
7	工艺流程照片	15 张

调研报告

资料提供者

殷红岩

报告撰写

田野

采集支持

河北省工艺美术协会

一、简介

黑陶源自龙山文化，距今已有6000余年的历史，而馆陶县则素有“中国黑陶艺术之乡”“中国黑陶、彩陶研究基地”之称。馆陶县的黄土资源丰富，在西汉、唐代、宋代、元代、明清时期一直都有制陶活动，馆陶黑陶不仅体现了劳动人民的智慧，还展示了中华文化的博大精深。多年来，馆陶人经过不懈地研究和发掘，终于掌握了黑陶的制作技艺，即通过封窑技术，让弥漫在窑中的浓烟利用科学的渗碳原理，将烟中的碳粒渗入坯体而呈黑色。馆陶县的黑陶制品黑如漆、亮如镜、声如磬，叩之有声，尽墨玉之美，泛青铜之光，古朴典雅，奇丽华贵，有日用品、工艺品等多个种类，适于日用欣赏和品鉴收藏，如今已远销东南亚和欧美地区。2006年，馆陶黑陶制作技艺被列入河北省第一批非物质文化遗产名录。

二、发展沿革

馆陶县的黑陶起源于新石器时代的龙山文化，1928年，考古学家吴金鼎在山东省章丘县（今济南市章丘区）龙山镇发掘出了龙山文化遗址。黑陶出现在彩陶之后，是一种通过封窑和渗碳等技艺而形成的陶器，体现了人类社会的不断进步。改革开放后，北京著名画家、陶艺家汪易扬和他的学生在馆陶县开始了对制作黑陶的研究，并取得了成功。1989年，汪易扬的学生殷俊廷继续研发黑陶新工艺，并取得了突破。近年来，馆陶人不仅在传统技法上不断创新，还与科研院所展开合作，根据黑陶蛋壳杯研发出了一系列薄胎器皿，之后又进一步丰富了黑陶的装饰技法，形成了七大系列，还实现了一窑两色的烧制技法，进行了陶胎漆器的实用器研发，制作了大量的生活用品和装饰品，实现了黑陶实用性与审美性的统一，获得了国内外的广泛赞赏。

三、传承谱系

第一代传承人：殷梦兰。

第二代传承人：殷书绅。

第三代传承人：汪易扬、殷青元。

第四代传承人：殷俊廷。

殷俊廷，现任馆陶县陶漆工艺厂厂长，曾培养了大批馆陶工艺人才，他的作品多次在国内外展出，并被多地的美术馆收藏。1993 年，曾为人民大会堂创作了巨幅漆画《长城》；1996 年，作品《窗知春》被收入《中国现代美术全集》；2001 年，作品《争艳》被收入《中国当代艺术》；2003 年，作品《赤壁》获北京旅游商品设计大赛银奖；2005 年，作品《野花芋头》入选中国漆画展；2010 年，作品《苍野千秋》入选上海世博会中国美术作品展；2012 年，殷俊廷被授予“中国工艺美术大师”荣誉称号。

第五代传承人：殷景太、王庆周、殷红岩。

四、工艺特征

馆陶黑陶选用得天独厚的黄河古道河床下纯净而细腻的红胶泥为原料，经过多道制泥工序，采用先进的烧窑、封窑技术烧制而成。馆陶黑陶的制作工艺繁杂且精细，从选料、制泥、设计，到拉型、雕刻、压光、晾干，再到最后的烧制，整个流程有十几道工序，而每道工序中又有多道小工序，比如只陶胎髹漆这一个环节，就需要经过修胎髹漆、遍涂、阴干、磨显、揩青等 30 余道小工序。

五、发展现状

馆陶县陶漆工艺厂自 1990 年建厂至今，不断丰富黑陶制品的种类，如今已有镂空类、挑点类、刻线类、浮雕类、雕塑类、陶胎漆器类等 1400 余个品种，并且仍在不断创新。目前，馆陶县陶漆工艺厂正在逐渐加快人才培养工作，并已先后培养出工艺人才 300 余人，这些馆陶工艺人才曾在国家级工艺美术大赛上屡获佳绩。馆陶县的下一步工作计划是成立陶器工艺厂，加快产业集聚，并在当地政府的引导下打造黑陶文化品牌。

传承人

殷俊廷

代表作品

《奋飞》

《怒放》

《牛》

《富贵连绵》

《游》

《大地曙光》

《孤芳》

工艺流程

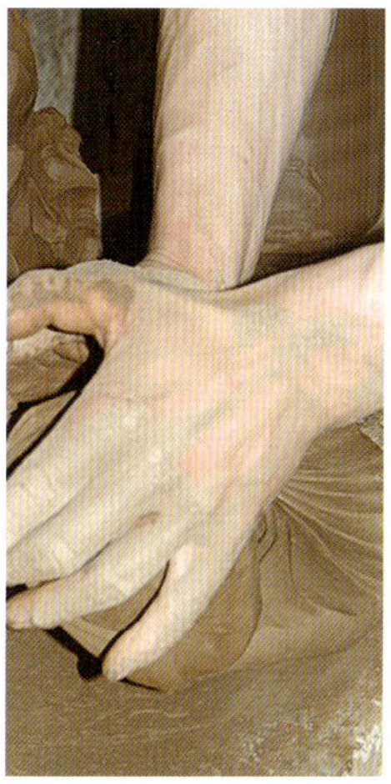

揉泥

拉坯

利坯

翻模

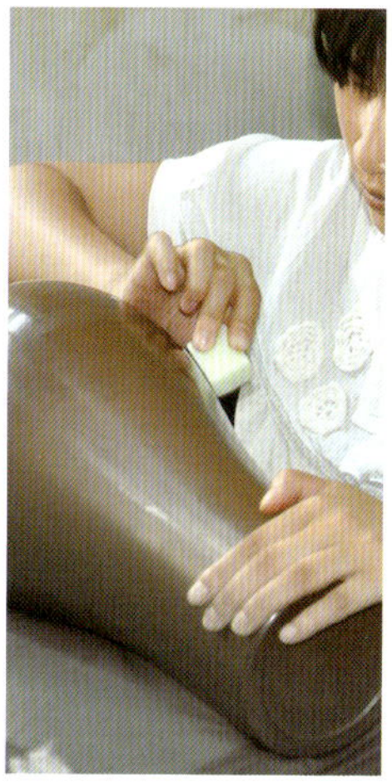

砑光

对刀雕刻

镂空

扎点

深挑点

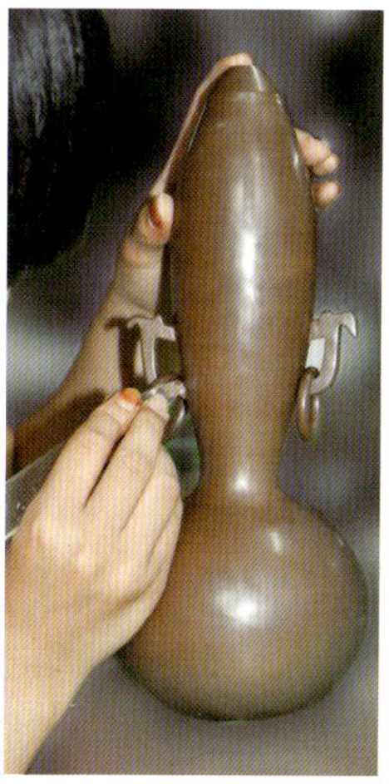

黏结

入窑

出窑

彩绘

磨显

推光

河北历史文化遗存
档|案|优|选

孙氏银器制作技艺

唐山市丰南区

SUNSHI YINQI ZHIZUO JIYI
TANGSHANSHI FENGNANQU

河北历史文化遗存档案表
（非物质文化遗产类）

档案号：HFG0010　　　　　　建档时间：2020 年 11 月

编号	项目	内容
1	名称	孙氏银器制作技艺
2	项目级别	省级非物质文化遗产
3	项目简介	银器制作技艺已有 3000 余年的历史，它既融合了上古的青铜工艺，又包含了西域的外来文化，自宋元时期开始，体系逐渐完善。制作银器的过程非常复杂，包括器形的制作和纹饰的制作，两者相辅相成，缺一不可。孙氏银器制作技艺秉承中华传统文化的理念，在传承过程中多采用手工技艺方式，并结合现代工具和设计理念，其工艺主要以錾刻为主，兼有花丝、镶嵌、景泰蓝、精铸等工艺，再辅以匠人对传统文化的独特理解，便形成了独具特色的银器制品
4	调研报告	1 份，包括简介、发展沿革、传承谱系、工艺特征、发展现状等内容，约 3100 字
5	传承人照片	1 张
6	代表作品照片	6 张
7	工艺流程照片	6 张
8	生产场景照片	4 张

调研报告

资料提供者

孙立生

报告撰写

赵曌

采集支持

河北省工艺美术协会

一、简介

银器制作技艺已有3000余年的历史，它既融合了上古的青铜工艺，又包含了西域的外来文化，自宋元时期开始，体系逐渐完善。制作银器的过程非常复杂，包括器形的制作和纹饰的制作，两者相辅相成，缺一不可。

据文献记载，金银器最为繁荣的时期是唐代，当时金银器的制作工艺多达14种，即错金、拍金、镀金、织金、砑金、披金、泥金、镂金、捻金、戗金、圈金、贴金、嵌金和裹金。到宋代，金银器的制作工艺又增加至19种。如今，古代金银器制作工艺的名称多废弃不用，均已改为现代技术用语，主要的制作工艺有12种，即铸造法、锤揲法（也称打作法）、切削法、抛光法、掐丝法、焊缀法、焊接法、铆接法、錾刻法（含镂空法）、鎏金法（也称镀金法）、镶嵌法和平脱法。

制作银器工艺品是一个复杂的过程，它需要以银质材料（银片）为胎，在胎上雕刻出各种花纹图案，经冷却打磨、光滑处理后方可成品，成品古香古色，典雅别致。过去的银器工艺品多为茶壶、酒樽、十二生肖及女子的头饰、首饰等，大型的银器工艺品还常刻有花鸟鱼虫、梅兰竹菊、龙凤鹿鹤等图案。

银器制作技艺对匠人的要求甚高，匠人不仅需要懂得各种知识，还需要掌握冶炼合金、雕刻造型、书法绘画、微雕等技艺，只有这样才能制作出一件成功的银器工艺品。

二、发展沿革

由于受中亚、西亚金银器的影响，在盛唐时期，金银器便已十分流行。8世纪中叶至9世纪初，江南地区制造金银器的手工业已相当发达。唐代时，金银器的加工普遍使用切削、抛光、焊接、铆、镀、刻凿等工艺，还使用了手摇脚踩的简单车床，可见当时金银器的制作技术已相当精湛。

晚唐以后，受战争的影响，我国北方地区生产凋敝，经济衰退，金银器的发展受到制约。南方地区由于没有直接受到战争的侵害，所以生活相对安宁，经济相对繁荣，因此大批工匠转移至南方。直至南宋时期，金银器的发展已基本脱离了宫廷风格，造型古朴清新，纹饰简练，并在工艺上呈现出两极分化的特征，其风格对北方的辽、金、西夏的金银器造型亦有很大影响。

元明清时期，金银器制作工艺的发展有着极为鲜明的时代特征、民族特征和宗教色彩。元代时，金银器的制作基本以苏州为中心，工艺十分发达，技术水平较高，并以名匠朱碧山等人闻名于世。明代时，由于国家经济繁荣，金银器的制作技艺得到了很好的普及，工艺水平不断提高，并出现了复古倾向。清代时，金银器的制作技艺空前发展，皇家宫廷在典章、祭祀、冠服、鞍具、陈设和佛事等各个方面都会使用金银器制品，此时的金银器制作技艺融合了多民族的艺术风格，制作技艺有了进一步的创新和提高。

据孙氏银器制作技艺传承人孙立生介绍，其流派祖师爷名叫欧岐佛，平江人士，祖上是书香门第，自幼家学渊源，欧岐佛年轻时因家道中落等原因入行，曾在苏州、杭州及泉州等地学艺，后集各家手艺之长，艺业大成。20 岁时，欧岐佛便已享誉江浙。30 岁时，欧岐佛更被誉为业内奇才。之后他广收弟子，生意日渐兴旺。50 岁时，来给欧岐佛拜寿的弟子已逾百人。不久元兵南下，“所下之城，人尽屠之”，然而元人却对手艺人网开一面，因此欧岐佛的全家得以保全，欧岐佛的很多弟子亦幸免于难。后来元人建都，欧岐佛因技艺高超，被选中参与设计建造皇室宫殿，欧岐佛携家人及弟子迁至元大都。欧岐佛天赋异禀，不仅把自己的工作完成得尽善尽美，还将其他匠人的工艺融会贯通，进一步发展了本门的工艺。因在皇室宫殿的修造过程中做出了很大的贡献，因此欧岐佛受到了元世祖皇帝忽必烈的破格嘉奖，以至于后来很多欧岐佛门下的弟子都在朝廷的宫廷造办处任职。在此期间，也有不少欧岐佛门下的弟子流入民间，他们的艺业各有所长，不断传承着孙氏银器制作技艺。

民国十五年（1926 年），孙立生的祖父孙广熙在唐山的杨柳一面街拜师入行，艺成后独自闯荡，曾于唐山的银楼做半工半徒。后来。孙广熙在古冶县（今唐山市古冶区）的一家银楼结识了刘远泰。刘远泰的祖上几代都为朝廷供奉，艺业独特，虽脾气怪异，但由于与孙广熙系出同门，所以对孙广熙很是照顾。孙广熙也念其年事已高，且无妻无子，在生活上对他多予呵护。怎奈刘远泰嗜吸鸦片，孙广熙多次劝阻无效，叹伤之余，又不能对其不管不顾，后来刘远泰资财耗尽，病入膏肓。刘远泰病危之际，因感激孙广熙的照顾，遂将从不示人的祖传技艺悉数授予了孙广熙。后来，孙广熙曾闯沈阳、下天津。新中国成立后，孙广熙曾一度回乡务农，后落实政策，进入银行工作。再后来，孙广熙参与组建了金属工艺厂，并在厂里授传技艺，一直工作到 1991 年。1980 年，孙广熙被授予“河北省著名老艺人”称号。

1986 年，时年 17 岁的孙立生被金属工艺厂招为临时工，师从祖父孙广熙。其间，孙广熙对孙立生格外严格，除正常工作时间外，每天晚上的 8 至 12 点，孙广熙还要监督和指导孙立生学习，几年的刻苦学习为孙立生打下了坚实的技艺基础。如今，孙立生年逾五十，幸喜已有弟子 10 余人，均艺业小有所成，弟子中已有多人被评为市级工艺美术大师。

三、传承谱系

第三十三代传承人：孙立生。

孙立生，河北省一级工艺美术大师、唐山工艺美术协会理事、唐山市丰南区收藏鉴赏协会理事、唐山市民间艺术家协议金鹰专业委员会主任，常年从事银器工艺品制作，成绩斐然，代表作品有《鸿雁香薰》《如意雕龙大壶》《释迦牟尼佛》等。

第三十四代传承人：孙琳琳、孙月庭、李月鹏、刘玉翠、郑清爽、董立香、谢卫国、幺海涛、幺海存。

孙琳琳，唐山市一级工艺美术大师、唐山市工艺美术协会会员、唐山市民间艺术家协会会员，代表作品有《东方净琉璃佛像》《药师佛龛》等。

孙月庭，唐山市一级工艺美术大师、唐山市工艺美术协会会员、唐山市民间艺术家协会会员，代表作品有《如意》《锦上添花茶罐》等。

四、工艺特征

（一）保持传统技艺的风格特色

孙氏银器制作技艺坚持以纯手工为原则，包括手工开片、手工制胎成型等。手工开片的特点是柔韧度极佳，能避免机器轧片成型后所产生的细小裂纹，通过手工开片还可以预留厚度，可以更好地保证作品的薄厚均匀，从而在后续的錾刻工艺中使作品的表达尽善尽美。

（二）坚持收藏级艺术特色

孙氏银器制作技艺对每一道工序的要求都近乎苛求，比如錾刻工艺，要求匠人必须有5年以上的经验，并经他的师父允许后才可正式錾刻。在作品风格上，坚持以传统文化为依托，汲取传统文化的精髓，要求古朴中透出新意、精巧中呈现神韵。同时还要求匠人广闻博识，并充分了解其他技艺的制作手法。

（三）保留特有的艺术表现手法

孙氏银器制作技艺经过几百年的传承与发展，技艺制作流程已较为完善，同时又对景泰蓝等技艺兼收并蓄，使得孙氏银器制作技艺呈现出了许多特有的艺术表现手法。如一体成型工艺，这样的作品无焊口、无焊缝，应力一致，表面光滑，玲珑精巧；又如翻金工艺，这是一种在银器表面重叠压金，扩充处理，使银器表面产生浮雕效果的黄金纹饰，此种工艺不同于焊贴工艺，也不同于鎏金工艺，有自己的优势和特色。

五、发展现状

近年来，国家和各级政府对传统文化的传承与发展愈加重视，孙氏银器制作技艺始终以在传承中保护、在继承中发展为方向，积极参与省、市各级文化活动，并获得多个奖项，众多孙氏银器作品被中国工艺美术学会收藏。与此同时，孙氏银器制作技艺传承人孙立生秉承传承与发展的信念，与全国多地的工艺实践者、工艺美术大师、非遗传承人建立了密切的交流关系。

2017年，为了更好地培养孙氏银器制作技艺人才，孙氏太和银器艺术有限公司在遵化清东陵开办了錾刻艺术培训班。同年，唐山学院完成了国家艺术基金资助项目——錾刻艺术与创意设计人才培养，学校还举办了孙氏银器制作技艺培训班，开展了省内外专业人才和金属工艺爱好者互访、交流等活动，学校还设有相应的专业，每年招收学生几十人，培养了大量的专业人才。

传承人

孙立生

代表作品

《如意雕龙大壶》（孙立生）

《双龙瓶》

《释迦牟尼佛》（孙立生）

《天地福禄壶》

《鉴塘小酌》

《鸿雁香薰》（孙立生）

工艺流程

制图

打银板

搂打成型

錾刻

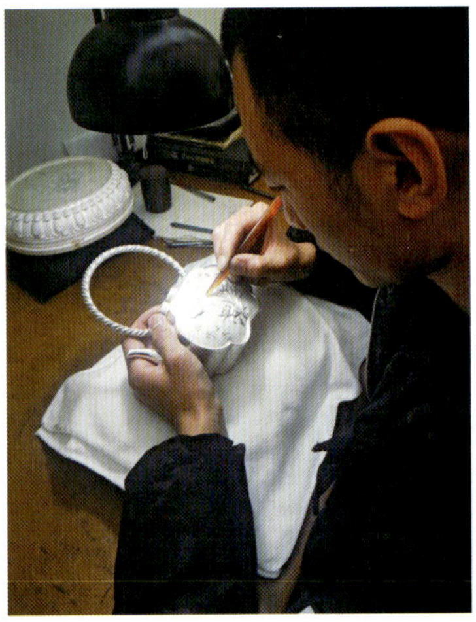

攒焊

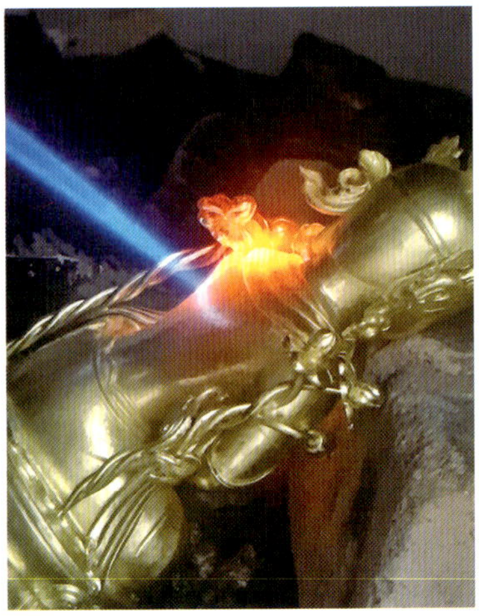

抛光

生产场景

生产场景

核雕

廊坊市永清县

HEDIAO

LANGFANGSHI YONGQINGXIAN

河北历史文化遗存档案表
（非物质文化遗产类）

档案号：HFG0011　　建档时间：2020 年 11 月

编号	项目	内容
1	名称	核雕
2	项目级别	省级非物质文化遗产
3	项目简介	核雕技艺古已有之，方寸之地雕万千世界，毫厘之间刻百态人生。我国的核雕技艺源远流长，在明清时期开始繁荣发展，时至今日，在全国各地形成了多个基地和流派，其中规模最大的要数永清核雕。自 20 世纪 70 年代开始，永清核雕走上了产业化发展之路。经过数十年的发展，已逐渐形成了以别古庄镇为中心，辐射周边县市的规模化产业。2016 年，核雕被列入河北省第六批非物质文化遗产名录
4	调研报告	1 份，包括简介、发展沿革、传承谱系、工艺特征、典型传承企业、创新发展等内容，约 4300 字
5	传承人照片	2 张
6	代表作品照片	33 张
7	工艺流程照片	3 张

调研报告

资料提供者

王千星

报告撰写

任佳雨

采集支持

河北省工艺美术协会

一、简介

核雕技艺古已有之，方寸之地雕万千世界，毫厘之间刻百态人生。我国的核雕技艺源远流长，在明清时期开始繁荣发展，时至今日，在全国各地形成了多个基地和流派，其中规模最大的要数永清核雕。

河北省廊坊市永清县共有各类核雕企业、工作室、个体作坊2000余家，其中以别古庄镇最为集中，有800余家。永清县另有创作型核雕艺术人才数千人，相关从业者达4万余人。2019年3月，永清县荣获“中国核雕之乡”称号。永清县拥有国家级工艺美术大师1人、省级工艺美术职称4人、市级工艺美术职称8人；河北省民间工艺美术大师荣誉称号获得者8人、河北省一级民间工艺美术家荣誉称号获得者10人、河北省民间工艺美术家荣誉称号获得者9人；省级非物质文化遗产代表性传承人2人。目前，北京的十里河、潘家园和天津的沈阳道等文玩市场都有永清核雕的一席之地，永清核雕还通过电商平台远销美国、英国、澳大利亚、日本、韩国等国家和地区。

二、发展沿革

自20世纪70年代开始，永清核雕走上了产业化发展之路，这都得益于当地核雕艺人豁达的性情，他们不保守、不藏私，使得这门技艺快速传承。继第一代传承人杨恩岐后，又涌现出了程德柱、杨振洲、许晓芳、贾俊忠、张习连、王千星、王千月、张永胜、裴学民、张宏亮、张馨瑜、姜昆、张黎明等一批名家新秀。这些核雕艺人将专注坚守、自强不息、务求至臻的传统匠人精神，与突破保守、不断创新、开放分享的新匠人精神集于一身，为中国核雕技艺的传承与发展做出了巨大贡献。经过数十年的发展，永清核雕已逐渐形成了以别古庄镇为中心，辐射周边县市的规模化产业。2016年，核雕被列入河北省第六批非物质文化遗产名录。

三、传承谱系

第一代传承人：杨恩岐。

杨恩岐，号三羊，永清县后刘武营村人，是永清核雕公认的开山宗师，同时也是我国最大核雕基地的创始人。杨恩岐自幼受母亲李文奎的影响，非常喜爱绘画和雕刻艺术。20世纪

70年代，杨恩岐将核雕技艺发展为产业，通过不断摸索，逐渐形成了永清核雕的独特技法与艺术特色。除核雕技艺外，杨恩岐还为永清地区引进了40多种小件杂项类雕刻技艺，并且他还设计过万余件各类小件雕刻样品。杨恩岐将他的核雕技艺毫无保留地传授给了弟子和工人，促进了核雕技艺的发扬光大。

第二代传承人：何玉兰、王磊。

第三代传承人：王千星、王千月。

王千星的核雕技艺属于传统核雕一派，主宗京派，雕刻精致，华丽大方，独出心裁，其特征主要体现在以下几个方面。第一，遵循传统，传承有序，深得京派核雕技艺的神韵，传统题材的作品有《钟馗》《达摩》《怪工罗汉》《写实罗汉》等，深得业内外人士的称赞。第二，王千星将人物的脸部肌肉刻画得细腻传神，栩栩如生。在借鉴传统石雕、木雕、玉雕的人物脸部刻画技法的同时，王千星大胆革新、取长补短，他雕刻的人物头像不仅肌肉质感强烈，而且还有细腻的抬头纹刻画，以及嘴型的独特雕刻，使得整个人物面目如生，特色明显。第三，王千星对人物头发、胡须的刻画丝缕分明、质感柔顺、纹路清晰、刀工精湛，无人能及。王千星雕刻人物发丝时均用平刀细琢，丝丝入扣，雕刻人物胡须时均用尖刀雕刻，圆刀修饰，纹路清晰，缕缕分明，粗而不乱，飘而不浮。第四，人像“开眼”后加“点睛”环节，这是王千星结合自己多年的创作经验，并借鉴福建一带木偶戏中玩偶的雕刻方法所独创的技艺。人像“点睛”后，面目如生，艺术水平得到了进一步的提高。“点睛”技艺为王千星独创，设色四层，层层分明，眼神幽远，生机盎然，尤其是人物的瞳孔，四层颜色堆积描画，栩栩如生。“点睛”所用颜料皆为秘法独创，长久把玩亦不掉色，为伟派独有，无人可仿。第五，王千星作品的题材不断创新，雕刻的内容不断拓展。在雕刻传统题材作品的同时，王千星大胆地融合了中国传统文学中有代表性的人物故事，创作出了新的系列作品，如《三国演义》之《黄忠》《诸葛亮》《张飞》《刘备》《关羽》等，《水浒传》之《鲁智深》《宋江》《武松》等。

第四代传承人：支连杰、焦凯、侯鹏。

第五代传承人：杨建普、子轩。

四、工艺特征

（一）主要原料

永清核雕最初使用的原料为取自当地的山桃核、毛桃核，后改选其他地区质地更佳的原料。以杨恩岐为代表的永清核雕艺人，他们头脑灵活，敢于创新，不断寻找新的核雕原料，到20世纪70年代，已使用过山桃核、毛桃核、大桃核、蟠桃核、樱桃核、杏核、枣核、松子等多种原料。到20世纪八九十年代，永清核雕艺人已经开始尝试使用一些进口原料。不同的原料需要探索不同的技法，创作不同题材的作品，这对永清核雕技艺的提升有着极大的推动作用。用料丰富，也成为永清核雕的特色之一。

（二）主要工具

永清核雕所用的主要工具是刀具，共有4把，即两把刻刀、一把剔刀、一把勾刀。两把刻刀中，一把为平刀，一把为斜刀。平刀主要用于砍框子，打轮廓。斜刀则更容易进行深入的雕刻，主要用于人物开脸，刻画细节。剔刀主要是将一些细小的空白空间剔平。勾刀主要用于将果核中的果仁掏干净，避免因虫蚀导致核雕作品损坏。刀具的使用因人而异，刀法也有所不同，永清核雕艺人总结了很多雕刻及用刀的规则，并广为流传。如杨振洲将山核桃上的人物开脸总结为“开脸二十八刀”，很多艺人遵循此道，逐渐掌握了开脸的要领；又如永清核雕大师程德柱总结出了10种核雕的基本刀法，即铲、挖、刮、刺、转、切、磋、剔、挑、拔。

（三）主要技法

核雕是各种雕刻中对精微化程度要求较高的一种，要想实现用刀的稳与准，首先要有一个正确的握刀姿势和持核姿势。近年来，核雕技艺的雕刻形式日益丰富，其中有按位置和面积来划分的圆雕、平雕，也有按雕刻深度来划分的线雕、薄意雕、浮雕、镂空雕。除了这些雕刻技艺，核雕艺人还会借用榫卯、镶嵌、着色、拼接等辅助技法。

（四）造型特征

永清核雕的造型按时间顺序来梳理可分为两个流派，即永清传统核雕和永清现代核雕。永清传统核雕在整体布局上注重端庄、规整、繁复，因此多满工。在人物造型上，永清传统核雕偏于写意，注重神韵、古韵。在雕刻细节的刻画上，永清传统核雕讲求圆润，造型虽然图案化，但观之可爱。永清现代核雕并非只有核雕，而是包含了竹、木、牙、角、核、陶、蜜蜡、宝石等多种雕刻。近年来，年轻一代的永清核雕艺人纷纷转变风格，到2006年，永清现代核雕的风格基本形成，永清地区也逐渐成为全国最大的核雕生产基地。

五、典型传承企业

永清县冀廊艺宝商贸有限公司是永清县核雕产业发展的代表性企业之一，其前身是永清县二伟雕刻厂，于2005年由王千星、王千月兄弟二人注册成立，公司主要销售伟派核雕、竹雕、木雕等艺术品，产品远销韩国、日本及东南亚各地，在国内主要供应京津、苏杭、广州等地的艺术品市场。后来，王千星又注册成立了永清县伟派核雕工艺品有限公司，主要制作伟派核雕、竹雕、木雕等艺术品。

2000年，王千星拜贾俊忠为师，贾俊忠的师父是永清核雕的开创者之一，曾于20世纪80年代初创办廊坊雕刻厂的老艺人马普。2006年，王千星与王千月共同创办了“星月堂”核雕艺术工作室，二人在继承传统京作雕刻技艺的基础上，结合自身的艺术特色开拓创新了一系列新的微雕艺术题材。与此同时，兄弟二人还开课授艺，近10年间，已收徒达千余人，众多微雕艺术人才在“星月堂”的培养下脱贫致富，走上了各具特色的雕刻艺术之路。2014年，王千星与王千月共同投资兴建了冀廊艺宝微雕艺术品文化产业示范基地，基地位于河北省廊坊市永清县县城正东10公里处，向西距京台、廊沧高速出口10公里，向东距廊泊大道7公里，交通区位优势明显。基地主要生产经营橄榄核、桃核、蜜蜡、青金石、绿松石、南红玛瑙、紫檀木、黄花梨木、黄杨木等高端材质的微雕作品，以及竹、木、牙、角雕类的文玩艺术品。基地的整体规划建设分为3期：一期工程为冀廊艺宝微雕艺术品市场，建成于2015年10月，占地面积7000余平方米，建筑面积2000余平方米，已入住大型商户60余家，年接待游客10余万人次，这是我国北方地区建成的第一家专营核雕、微雕艺术品的成规模、专业性的市场；二期工程为永清县微雕艺术博物馆、永清县微雕艺术体验培训中心及永清县微雕艺术品网络营销中心，建成于2017年5月，占地面积1.5万余平方米，建筑面积1000余平方米，建成后即被评定为廊坊市文化产业示范基地、廊坊工业旅游示范点；三期工程为河北省非物质文化遗产保护项目——永清核雕保护传承基地及永清县微雕艺术品创意工作室，位于永清县别古庄镇以西的甄庄村，建成于2019年初，占地面积800平方米，建筑面积500平方米。目前，永清核雕保护传承基地已成为华北地区最大的集非遗保护与传承、文化产业示范、旅游文化体验、微雕艺术品集散、京作雕刻艺术品网络营销平台等诸多功能于一体的文化传承基地。2016年7月8日，王千星与王千月共同发起成立了廊坊市工艺美术协会，王千星任理事长，王千月任专家委员会主任。协会目前已吸纳会员近200余人，其中核雕艺术专业的会员达120余人。

六、创新发展

（一）发展现状

永清核雕如今已发展为链条完整、颇具规模的大型文化产业，主要形成了六大产业板块。原料供应板块，这是永清核雕产业的源头，对核雕产业的发展发挥着极为关键的作用；创作板块，这是永清核雕产业的核心和灵魂；生产板块，这是永清核雕产业中的一个庞大群体，这一群体拥有着高超的核雕技艺；销售板块，这是永清核雕产业链中的一个至关重要的环节；培训板块，这是永清核雕产业的新生板块，主要负责建设系统性的培训学校；文化传播板块，永清县的核雕文化需要进一步地挖掘、整理、传播和弘扬，在不久的将来，还要推向全国、推向世界。

（二）创新人才培养机制

永清核雕传统的传承方式主要是以工厂化的师徒传承、工作室式的师徒传承、家族式传承、学校式传承为主。近年来，为了满足产业发展的需求，一些永清核雕艺人逐渐意识到系统学习对于产业持续发展的重要性，于是开始着手建立正规学校。目前，许晓芳创建的廊坊珍艺职业培训学校已经开班授课，王千星和王千月在冀廊艺宝文玩市场建立的核雕培训中心也已开始面向社会公开招生授课。永清核雕工厂化生产时期的传承方式可大致分为7个步骤，即磨炼刀工、练习推刀、练习磨核、练习局部雕刻、练习整体模仿、因材施教、引导学生形成自己的风格。目前来看，永清核雕的传承出现了两种现象，一是核雕艺人的年轻化，二是核雕艺人中出现了一个特殊群体，即残疾人群体，核雕技艺为这些残疾人开启了一扇新生活的大门。

（三）匠人精神

我们在赞叹永清核雕作品的精美、技艺的精湛的同时，更为感动的是一代代薪火相传的匠人精神。这些核雕艺人们的身上既有自强不息、精益求精的传统匠人精神，又有不断创新、开放分享的新匠人精神。正是这些宝贵的匠人精神，支持着这样一项既是产业，又是艺术，更是文化的事业一步步走向辉煌，这些宝贵的精神才是永清核雕真正的灵魂。

传承人

杨恩岐

王千星

代表作品

《神仙会》（王千星）

《三国人物》（王千星）

《百子图》（孟素琴）

《花篮》（孟素琴）

《蚩尤》（李宗孺）

《夔牛》（李宗孺）

《应龙》（李宗孺）

《英召》（李宗孺）

《十八罗汉》（司金波）

《龙舟》（司金波）

《渔家乐》（司金波）

《辈辈封侯》（司金波）

《合家乐》（司金波）

《宝塔山水人物》（司金波）

十八罗汉念珠（孙秀华）

《美猴》（贾俊忠）

《麻姑献寿》（贾俊忠）

《辽宁舰》（田玉涛）

《龙骨》（田玉涛）

《齐天大圣》（田玉涛）

《松下抚琴图》（伊振杰）

《小鸡出壳》（张黎明）

《四大天王》（田梦蕾）

《螭龙祥云》（张苓）

《十八罗汉渡海》（杨振洲）

《花果山》（杨振洲）

《荷塘清趣》（翟娟）

《关公》(杨凯)

《弥勒》（王千月）

《钟馗八式》（朱世岭）

《山居图》（程德柱）

《竹林七贤》（程德柱）

山水人物手串（许晓芳）

工艺流程

选料

雕刻

布局

百宝嵌

廊坊市广阳区

BAIBAOQIAN

LANGFANGSHI GUANGYANGQU

河北历史文化遗存档案表
（非物质文化遗产类）

档案号：HFG0012　　建档时间：2020 年 11 月

编号	项目	内容
1	名称	百宝嵌
2	项目级别	省级非物质文化遗产
3	项目简介	百宝嵌又名周制，源于明嘉靖年间，是一种将以玉石、贝骨、木材、金属等名贵材料作为原料制作而成的人物、动物、山水、花鸟等形象镶嵌在同一胎体上的传统技艺，主要可分为漆器胎体和木材胎体两类。百宝嵌起初只服务于皇家贵戚，其制作技艺一直被宫廷工匠所掌握，辛亥革命后才逐渐流入民间。新中国成立初期，百宝嵌成了我国重要的创汇商品，为新中国的建设赚取了大量的外汇
4	调研报告	1 份，包括简介、发展沿革、传承谱系、工艺特征等内容，约 1200 字
5	传承人照片	1 张
6	代表作品照片	5 张
7	工艺流程照片	5 张
8	生产场景照片	2 张

调研报告

资料提供者

王长安

报告撰写

田野

采集支持

河北省工艺美术协会

一、简介

百宝嵌又名周制，源于明嘉靖年间，是一种将以玉石、贝骨、木材、金属等名贵材料作为原料制作而成的人物、动物、山水、花鸟等形象镶嵌在同一胎体上的传统技艺，主要可分为漆器胎体和木材胎体两类。百宝嵌起初只服务于皇家贵戚，其制作技艺一直被宫廷工匠所掌握，辛亥革命后才逐渐流入民间。新中国成立初期，百宝嵌成了我国重要的创汇商品，为新中国的建设赚取了大量的外汇。

百宝嵌作品的精美源于其背后繁复的工艺流程，主要包括选料、构思、制胎、构图、画样、选料、开料、贴样、拼接、雕刻、打磨、镶嵌、抛光等 10 余道大工序，每道大工序中又有 10 余道小工序。

百宝嵌作品种类丰富，大到屏风、家具，小到小摆件、生活用具，均体现了百宝嵌技艺用料考究、做工精美的特点，具有较高的文化和艺术价值。

二、发展沿革

据考古发现，早在良渚文化时期就已经出现了漆器镶嵌技艺，之后经过不断丰富与发展，到明嘉靖年间，由扬州漆工周翥定型，并取名百宝嵌。

清代初期，宫廷造办处曾生产了大量的百宝嵌作品。晚清时，随着国势的衰微，宫廷难以再养活大量的工匠，于是有些掌握百宝嵌技艺的匠人便流落到了民间。

七七事变后，日本侵略者占领北京，使得北京的手工业面临灭顶之灾，百宝嵌作品几乎停产，很多手艺人只得改行或回家务农。

新中国成立初期，在各级政府的支持下，多个民间作坊得以恢复。1956 年，公私合营北京金漆镶嵌厂建立，后改名为北京金漆镶嵌厂。1958 年，公私合营北京玉器厂成立。1965 年，此时的百宝嵌已经成为国家出口创汇的重要商品。为了扩大出口，天津市工艺品外贸进出口公司在霸州市王庄子乡王泊村建立了王泊磨玉厂，并聘请了北京玉器厂的刘文亨担任技术指导。

三、传承谱系

第一代传承人：吴孟麟。

吴孟麟，少年时期便进入北京荆宝斋玉器作坊当学徒。

第二代传承人：潘秉衡。

潘秉衡，1926 年进入北京荆宝斋玉器作坊当学徒，跟随吴孟麟学习磨玉及百宝嵌技艺。

第三代传承人：刘文亨、周庆元。

刘文亨，1945 年进入恒兴永玉器作坊当学徒，跟随潘秉衡学习磨玉及百宝嵌技艺。

第四代传承人：姚顺壁、张克勤、杨桂森。

姚顺壁，1967 年进入王泊磨玉厂跟随刘文亨学习磨玉技艺。

张克勤，1968 年进入王泊磨玉厂学习木雕和银丝镶嵌技艺。

杨桂森，从小便在民间作坊中学艺，后进入天津特种工艺品厂从事百宝嵌制作工作。

第五代传承人：王长安、孙青、孙三中。

王长安，1979 年进入王泊磨玉厂跟随姚顺壁学习磨玉技艺，1989 年进入王泊木雕厂跟随张克勤学习木雕和银丝镶嵌技艺，1986 年跟随杨桂森学习百宝嵌技艺。

孙青，1983 年进入王泊磨玉厂学习磨玉技艺。

孙三中，1978 年进入王泊磨玉厂跟随姚顺壁学习磨玉技艺。

第六代传承人：尹福顺、姚珊珊、王瑾、李晓艳、李智勇。

四、工艺特征

百宝嵌技艺无论是师承系统、工艺技法，还是艺术风格，都继承了宫廷艺术，具有用料讲究、工艺精湛、雍容华贵的特点，充分体现了皇家的大气，是带有浓厚宫廷风格和皇家风范的工艺精品。

百宝嵌技艺的艺术表现手法丰富多样，融合了平嵌、矫嵌、立体镶嵌等多种传统镶嵌技艺。

传承人

王长安

代表作品

《三星童子》

《花鸟笔筒》

《花鸟笔筒》局部图

《戏狮图》

《三羊开泰图》

工艺流程

剪图粘贴

锼活

拼图

挖槽

雕刻

生产场景

工作间

牌匾与碑文传统雕刻技艺

邢台市桥西区

PAIBIAN YU BEIWEN CHUANTONG DIAOKE JIYI

XINGTAISHI QIAOXIQU

河北历史文化遗存档案表
（非物质文化遗产类）

档案号：HFG0013　　　　建档时间：2020 年 11 月

编号	项目	内容
1	名称	牌匾与碑文传统雕刻技艺
2	项目级别	省级非物质文化遗产
3	项目简介	牌匾与碑文传统雕刻主要包括匾刻与碑刻两大类传统雕刻，其中又可细分为石刻类，包括碑刻、自然石刻字、彩色拓片拓制、手卷册页拓制及篆刻；木匾类，包括室外木匾、室内木匾和室内壁挂。根据雕刻的材质与内容要求的不同，有各类独特的制作流程及技术要求。牌匾与碑文传统雕刻技艺的主要流程为备料、上稿、雕刻、打磨、喷涂底漆和色漆或粘贴金箔，雕刻环节首先是粗刻，其次是修刻，最后是添神。通过繁杂的工艺流程，最终使作品笔断意连、神韵倍增
4	调研报告	1 份，包括简介、发展沿革、传承谱系、工艺特征、发展现状等内容，约 1500 字
5	传承人照片	1 张
6	代表作品照片	5 张
7	工艺流程照片	4 张

调研报告

资料提供者

田兆信

报告撰写

王婧怡

采集支持

河北省工艺美术协会

一、简介

牌匾与碑文传统雕刻主要包括匾刻与碑刻两大类传统雕刻，其中又可细分为石刻类，包括碑刻、自然石刻字、彩色拓片拓制、手卷册页拓制及篆刻；木匾类，包括室外木匾、室内木匾和室内壁挂。根据雕刻的材质与内容要求的不同，有各类独特的制作流程及技术要求。

牌匾与碑文传统雕刻技艺的主要流程为备料、上稿、雕刻、打磨、喷涂底漆和色漆或粘贴金箔，其中雕刻环节首先是粗刻，其次是修刻，最后是添神。通过繁杂的工艺流程，最终使作品笔断意连、神韵倍增。

二、发展沿革

邢台的文字雕刻历史悠久，自西周传承至今已有3000多年的历史，并且在民间还一直传承着牌匾与碑文雕刻的技艺。

邢台的唐代碑刻《大唐故尚书右丞相赠太尉文贞公宋公神道之碑》，因碑文由唐代大书法家颜真卿书写，故又称《颜鲁公碑》。宋元时期也有很多著名的碑刻，如平乡县的《大观圣作碑》，碑文为宋徽宗的瘦金体，笔法清劲，刻工精良，又如赵孟頫所书的《贾母贞节碑》《贾氏家庙碑》等。明清时期的碑刻更为丰富，特别是清末张裕钊的《重修南宫县学碑》，又称《南宫碑》，字体内圆外方，刻工极为精致。

邢台的牌匾雕刻历史也很久远，古《清风楼》牌匾和元明清时期的《顺德府》都是邢台较早的牌匾。

三、传承谱系

第一代传承人：马宝玉。

马宝玉，耕读传家，自幼饱读诗书，且精于古典文学、珠算、书画、音律，被当地百姓称为“一部活的百科全书”，后在其叔父的影响下热衷于凿凿刻刻。中年时期，在清河县城租赁了两间门店，挂“极艺堂”牌匾经营书写及牌匾雕刻等业务。

第二代传承人：马良辰。

马良辰，中国书法家协会会员、河北省书法家协会理事、南京国际文化艺术交流中心高级书法师、邢台市书法家协会副主席、中国书法函授大学邢台分校常务副校长。马良辰幼承家教，青年时期便誉称“三绝”（中医、书法、京剧），后来他又对雕刻技艺进行研究，充分借鉴了牌匾与碑文的传统雕刻技艺，在文字雕刻上独创新技法，自成一体。

第三代传承人：田兆信。

田兆信，高级工艺美术师、邢台市工艺美术协会会长、邢台市极艺堂牌匾碑刻厂总经理。田兆信早期师从于古建木工大师田凤乾和著名书法家马良辰，从事牌匾与碑文传统雕刻30余年，技艺高超，方法独特，代表作品有北京石景山的《白果厅》木匾、中国长城书画家协会博物馆的《中华雄风》木匾、西柏坡纪念馆的石刻《西柏坡赋》、山西五台山的《大雄宝殿》木匾、邢台开元寺的《开元古寺》木匾等。

第四代传承人：田登强、聂国占、霍赵保。

田登强，工艺美术师、邢台市极艺堂牌匾碑刻厂副总经理、总经理助理、质量负责人。

四、工艺特征

阴阳刻也叫平圆刻法，这种刻法十分注重边缘深度的掌控，按照字体的笔画轻重着笔雕刻，使字体产生充盈饱满的浑厚感。

在牌匾与碑文传统雕刻中，对于阴刻字体的雕刻要严格掌握其底部的自然度起伏变化及角度的定位，最终产生奇妙的阳刻艺术效果。

在牌匾与碑文传统雕刻中，对于阳刻字体的雕刻要求字体外表的弧面弧度、线条粗细与雕刻深度要相得益彰。雕刻出的字体在保持书法体原汁原味的基础上，要对书法的枯笔、飞白进行增减的艺术处理，使作品笔断意连、神韵倍增。

字体着色时，要按照铜锈色为色标调制色漆。贴金时，要掌握胶的阴干和火候，达到黄金质感突出，且光亮有嫩度。

五、发展现状

在田兆信的带领下，邢台市极艺堂牌匾碑刻厂与邢台职业技术学院、邢台技师学院合作，建立了培训基地，培养了诸多牌匾和碑文雕刻人才，其中毕业后到厂里工作的有10余人。

近年来，田兆信还创造了现代艺术刻字、册页刻版拓制、镇纸贝壳字、银丝字镶嵌等工艺。在雕刻技术上，田兆信不断革新，并创作出了很多结合传统文化和现代元素的新作品。

传承人

田兆信

代表作品

《德能并蓄，敏行担当》

《西柏坡赋》

《裴艳玲大戏院》

《手工劳作万岁》

《龙》

工艺流程

凿刻

修刻

打磨

贴金

河北历史文化遗存

档|案|优|选

宫毯织造技艺

廊坊市文安县

GONGTAN ZHIZAO JIYI

LANGFANGSHI WENANXIAN

河北历史文化遗存档案表
（非物质文化遗产类）

档案号：HFG0014　　建档时间：2020 年 11 月

编号	项目	内容
1	名称	宫毯织造技艺
2	项目级别	省级非物质文化遗产
3	项目简介	宫毯及官坊毯兴盛于元代，据史料记载，元大德二年（1298 年），工部奉旨在大都（今北京）青塔寺专为宫廷编织地毯，当时对地毯的尺寸、染料、羊毛用量等都有严格的要求。作为皇宫的御用品，宫毯织造技艺是中国宫廷艺术中重要的传统手工技艺之一，其织造工艺考究，图案丰富多彩，是具有浓郁的“京作”特色的宫廷艺术，集中体现了各地民间传统织造技艺的精华
4	调研报告	1 份，包括简介、发展沿革、传承谱系、工艺流程、工艺特征等内容，约 1000 字
5	传承人照片	1 张
6	代表作品照片	8 张
7	工艺流程照片	10 张
8	生产场景照片	2 张

调研报告

资料提供者

周子华

报告撰写

王婧怡

采集支持

河北省工艺美术协会

一、简介

宫毯及官坊毯兴盛于元代，据史料记载，元大德二年（1298 年），工部奉旨在大都（今北京）的青塔寺专为宫廷编织地毯，当时对地毯的尺寸、染料、羊毛用量等都有严格的要求。作为皇宫的御用品，宫毯织造技艺是中国宫廷艺术中重要的传统手工技艺之一，其织造工艺考究，图案丰富多彩，是具有浓郁的“京作”特色的宫廷艺术，集中体现了各地民间传统织造技艺的精华。

二、发展沿革

在宫毯兴盛之前，地毯都是由各少数民族地区进奉，后来地毯织造工艺才被引入北京，并设立了官坊毯织做所，据史料记载：“在清咸丰年间，有喇嘛携徒弟二人从西藏……到北平，设地毯织制传习所于报国寺……是为北平有织制地毯之始。”

20 世纪以来，北京宫毯得到了进一步的发展。1900 年，北京宫毯在法国巴黎举行的世博会上获得金奖。1920 年，北京的宫毯作坊已有 354 家，北京成为全国地毯的主要产地之一。1956 年，公私合营的北京第一地毯厂成立，后与地毯三社合并，更名为西城地毯厂，1965 年又更名为北京市地毯五厂。20 世纪 70 年代末到 90 年代初，北京的宫毯出口达到鼎盛期，在国际上广受赞誉。

三、传承谱系

第一代传承人：陈子权、焦殿功。

第二代传承人：冯锡、曹清林、郑文林。

第三代传承人：周振芳、赵匡石。

第四代传承人：赵法成、周改弟、崔书信、刘玉昆。

第五代传承人：周子华、张可心、史香娥。

第六代传承人：张明仙、周月芹、张明杰。

第七代传承人：周凯丰、周美美。

四、工艺流程

北京宫毯按传统可分为抽绞地毯织造和拉绞地毯织造两种技艺类型，其工艺流程大致可分为 3 个工序，即前期准备、编织成型、美化整理。前期准备分剪毛、纺纱、染纱、绘制等环节；编织成型分上经、拴绞、打底、结扣、过纬、剪荒毛、下机等环节；美化整理分平毯、片毯、洗毯、剪活、修剪等环节。整个织造过程工序繁杂，对技术要求高，且需要十几个人合力才能完成，具有较高的文化和艺术价值。

北京宫毯的制作工具主要分为两部分，一部分是织毯设备，一部分是织毯专用工具和量具。

五、工艺特征

宫毯织造技艺的特征主要包括3个方面：一是图案设计精细，构思完美；二是选料精心，配线准确；三是加工一丝不苟，精益求精。宫毯作品的图案丰富多样，原材料以羊毛为主，织结坚牢，毯面柔软，图案讲究纹样对称，给人以四平八稳之感，具有浓郁的中国传统民族文化气息。

织造北京宫毯时要调动多种表现手法，充分展示了中国传统文化和北京宫廷艺术特色，之后在此基础上逐渐与民间织造技艺相结合。如今的北京宫毯既存皇家气派，又有民间韵味，给人以无穷的回味与遐思。

传承人

周子华

代表作品

代表作品

代表作品

代表作品

福

代表作品

代表作品

工艺流程

图案设计

绘图

晒图

织造

捞线

平毯

片毯

洗毯

剪花

整修

生产场景

华盛地毯艺术馆

脱胎漆器髹饰技艺

廊坊市广阳区

TUOTAI QIQI XIUSHI JIYI

LANGFANGSHI GUANGYANGQU

河北历史文化遗存档案表
（非物质文化遗产类）

档案号：HFG0015　　建档时间：2020 年 10 月

编号	项目	内容
1	名称	脱胎漆器髹饰技艺
2	项目级别	省级非物质文化遗产
3	项目简介	脱胎漆器古称夹纻，与北京的景泰蓝、江西的景德镇瓷器并称为中国传统工艺“三宝”。玳瑁器是指用海龟科动物的背部鳞甲制成的工艺品，寓意祥瑞、健康、长寿，被称为“海金”，其无论是制作工序还是艺术价值，都有很大的影响力和独特性。廊坊市广阳区的脱胎漆器髹饰技艺无论是师承系统、工艺技法，还是艺术风格，都直接继承了宫廷艺术，形成了古朴典雅、端庄华贵、富丽堂皇、品类繁多的皇家风范。在脱胎漆器的制作过程中会出现废品率高、制作时间长等问题，对制作者有着较为严苛的要求，其复杂的工艺流程可归纳为设计（包括造型设计和纹样设计）、制作布胎、髹饰漆胎、装饰（包括镶嵌、彩绘、雕填等）
4	调研报告	1 份，包括简介、发展沿革、传承谱系、工艺特征、发展现状等内容，约 2800 字
5	传承人照片	1 张
6	代表作品照片	8 张
7	工艺流程照片	9 张
8	生产场景照片	3 张

调研报告

资料提供者

许晓芳

报告撰写

刘浩

采集支持

河北省工艺美术协会

一、简介

脱胎漆器古称夹纻，与北京的景泰蓝、江西的景德镇瓷器并称为中国传统工艺“三宝”。玳瑁器是指用海龟科动物的背部鳞甲制成的工艺品，寓意祥瑞、健康、长寿，被称为“海金”，其无论是制作工序还是艺术价值，都有很大的影响力和独特性。

廊坊市广阳区的脱胎漆器髹饰技艺无论是师承系统、工艺技法，还是艺术风格，都直接继承了宫廷艺术，形成了古朴典雅、端庄华贵、富丽堂皇、品类繁多的皇家风范。在脱胎漆器的制作过程中会出现废品率高、制作时间长等问题，对制作者有着较为严苛的要求，其复杂的工艺流程可归纳为设计（包括造型设计和纹样设计）、制作布胎、髹饰漆胎、装饰（包括镶嵌、彩绘、雕填等）。

二、发展沿革

我国是最早认识漆并制作漆器的国家，据考古发现，早在新石器时代，我国就已经出现了漆器。脱胎漆器是中国古老传统漆器的重要门类之一，其肇始于福州，至今已有 200 多年的历史。后经南方的工匠将此技艺传入宫廷，从此成为宫廷漆器中的重要代表。

晚清时，随着国势的衰微，宫廷造办处难以再养活大量的工匠，于是有些漆艺工匠便流落到了民间，开设作坊为生。清王朝覆灭后，宫廷造办处撤销，又有一部分工匠为了生存在民间开设了漆器作坊。七七事变后，日本侵略者占领北京，北京的漆器行业面临灭顶之灾，除少数一两家外，其余纷纷倒闭。

新中国成立后，北京恢复了 16 家金漆镶嵌民间作坊。1956 年，这 16 家民间作坊联合成立了公私合营北京金漆镶嵌厂，后改名为北京金漆镶嵌厂，也就是在此时，裴恩仁、周庆元、陈宝贞等人纷纷加入。

1976 年，北京工艺品外贸进出口公司在河北省廊坊市广阳区九州镇南汉村创办了南汉磨玉厂，之后派金漆镶嵌厂的脱胎漆器退休工匠裴恩仁等人前去传授脱胎漆器髹饰技艺，由此，脱胎漆器髹饰技艺传到了廊坊地区。南汉磨玉厂当时在南汉村招收了不少学徒，其中有个名叫缑文林的年轻人，他 16 岁进厂工作，师从裴恩仁，不仅学得了脱胎漆器髹饰技艺，还成了企业的骨干。

1992 年，南汉磨玉厂破产。2000 年，缑文林来到许晓芳经营的雕刻厂，并将脱胎漆器髹饰技艺传给了许晓芳。多年来，许晓芳经过刻苦学习和大量的艺术实践，创作出了大量的脱胎漆器艺术精品，并广受认可。2014 年，许晓芳成立了廊坊市珍艺工艺美术品有限公司。

三、传承谱系

第一代传承人：苏明堂。

苏明堂，清末宫廷造办处漆画匠，辛亥革命后流落民间，后在北京开办了英明斋漆艺作坊，并广收门徒。

第二代传承人：侯永泉（侯松山）。

侯永泉，跟随苏明堂学习漆艺，后开设了瑞兴斋漆艺工艺品店。

第三代传承人：侯明达、姚林伍、关茂林、关文玉。

侯明达，侯永泉的长子，自小便跟随父亲学习漆艺，后开设了自己的漆艺作坊，1956 年与其他 15 家漆艺作坊联合成立了公私合营北京金漆镶嵌厂。

姚林伍，侯永泉的三弟子，学有所成后自己开设了漆艺作坊，1956 年与其他 15 家漆艺作坊联合成立了公私合营北京金漆镶嵌厂。

关茂林，师从侯永泉学习漆艺，学有所成后自己开设了漆艺作坊，1956 年与其他 15 家漆艺作坊联合成立了公私合营北京金漆镶嵌厂。

关文玉，师从侯永泉学习漆艺，学有所成后自己开设了漆艺作坊，1956 年与其他 15 家漆艺作坊联合成立了公私合营北京金漆镶嵌厂。

第四代传承人：裴恩仁、周庆元、陈宝贞、王俊清。

裴恩仁，北京金漆镶嵌厂的工匠，1976 年被派到廊坊市广阳区南汉村的南汉磨玉厂传授技艺。

周庆元，十几岁时在民间镶嵌作坊中学习技艺，之后进入北京金漆镶嵌厂工作，1976 年被北京工艺品外贸进出口公司聘为质监专家，派到廊坊市广阳区南汉村的南汉磨玉厂传授技艺。

陈宝贞，十几岁时在民间漆艺作坊中学徒，之后进入北京金漆镶嵌厂工作，1976 年被派到廊坊市广阳区南汉村的南汉磨玉厂传授技艺。

王俊清，北京金漆镶嵌厂的工匠，1976 年被派到廊坊市广阳区南汉村的南汉磨玉厂传授技艺。

第五代传承人：缑文林、缑树丰、缑树民、刘志玲。

缑文林，1985 年进入南汉特种工艺品厂，师从裴恩仁学习漆艺。

缑树丰，1980 年进入南汉磨玉厂，师从裴恩仁学习漆艺。

缑树民，1985 年进入南汉特种工艺品厂，师从裴恩仁学习漆艺。

刘志玲，1984 年进入南汉特种工艺品厂，师从裴恩仁学习漆艺。

第六代传承人：许晓芳、陈书学、张国英。

许晓芳，2001 年师从缑文林学习脱胎漆器髹饰技艺，主要作品有脱胎仿古如意、盘、碟、罐、花瓶等，其作品质地坚固轻巧，造型别致，装饰技法丰富多样，色彩清丽端庄，具有非凡的艺术魅力，以及较高的文化和艺术价值。陈书学，2001 年师从缑文林学习脱胎漆器髹饰技艺。

张国英，2001 年师从缑文林学习脱胎漆器髹饰技艺。

第七代传承人：苏士伟、司翠兰、朱世民、郭海燕、屈光伟、朱静、单梦媛、张桐、孙蕊、谭祥凯、司文燕、张玉蕊、张鹏涛、侯文林、崔宝芹。

第八代传承人：宋静、李亚青、杨凯、李亚楠、曹晶晶、李伟、王艳莉、司记贵。

四、工艺特征

脱胎漆器具有光亮美观、不怕水浸、不变形、不褪色、坚固、耐高温、耐酸碱腐蚀等特点，作为脱胎技艺同髹漆艺术相结合的产物，脱胎漆器的制作颇为不易，从选料到塑胎，再到髹饰，每件成品都要经过几十道，甚至上百道工序，工艺非常复杂，制作一件成品往往需要数月。

许晓芳所传承的脱胎漆器由于源自宫廷，因此还具备以下几个特征。

一是宫廷文化特征。许晓芳制作的脱胎漆器继承了明清两朝宫廷漆器制作的高超技艺，展现了宫廷文化的审美观念，精致而又不失高端大气，婉约而又不拘谨颓丧。

二是众多技艺集于一体。一件小小的脱胎漆器却是融合了多种技艺于一体，血胶的熬制、布胎的成型，还有填漆、雕填等，都集中在一件脱胎漆器的作品上，这是实为难得的。

三是精美绝伦。脱胎漆器作品不仅精美，而且极具震撼力，充分表现出了中国传统文化的精髓，同时又独具个性，具有高超的艺术表现力。

五、发展现状

（一）政府的大力扶持

近年来，廊坊市各级政府认真贯彻和落实《中华人民共和国非物质文化遗产保护法》，大力扶持脱胎漆器髹饰技艺的传承与发展。

（二）加大对脱胎漆器的宣传

许晓芳利用各级电视台、报纸、期刊、微信等平台对脱胎漆器髹饰技艺进行了广泛的宣传。

（三）积极参加国内外展览展示活动

许晓芳带着她的脱胎漆器作品积极参加国家级、省级、市级的非遗展览展示活动，还多次受邀进行国际交流展示，这些都极大地促进了脱胎漆器髹饰技艺的传承和保护。

（四）成立公司，以小养大

2010年，许晓芳成立了廊坊市珍艺工艺品美术有限公司，公司在经营脱胎漆器制品的同时，也进行其他各种工艺品的制作与销售，许晓芳用公司有限的收入来支持脱胎漆器的发展。

（五）广泛授徒

十几年来，许晓芳以传统的师徒模式带出了十几位年轻人，现在他们都已经能够独立完成脱胎漆器的制作，并获得了高级技师的称号。

（六）创办学校，发展新的传承模式

为了使脱胎漆器髹饰技艺后继有人，许晓芳在亲友的帮助下创办了廊坊市珍艺职业培训学校，既解决了年轻人的就业问题，又传承了脱胎漆器髹饰技艺。

传承人

许晓芳

代表作品

脱胎金漆缠枝莲纹开光雕松鼠葡萄葫芦瓶

脱胎金漆缠枝莲纹开光雕猴子桃枝瓜瓶

玳瑁金漆缠枝莲纹开光雕松鼠苹果瓶

脱胎金漆雕填缠枝龙纹浅雕开光雕猴子梅瓶

脱胎漆器熏香炉

脱胎漆器纯红梅花葫芦瓶

脱胎漆器香薰

脱胎金漆嵌中嵌千秋瓶

工艺流程

血胶贴布

上灰

打磨

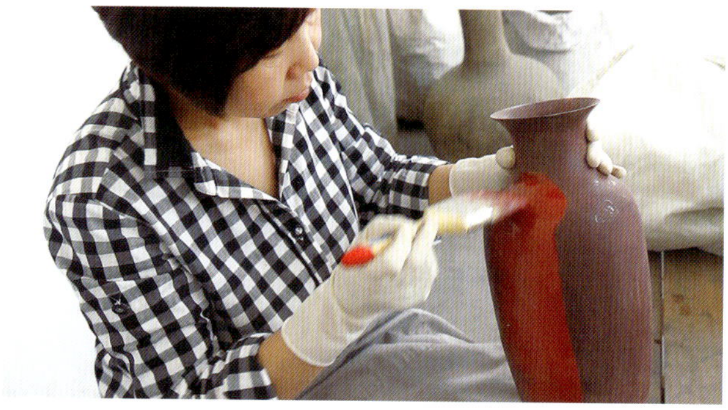
上漆

器形开光

玳瑁雕刻

镶嵌

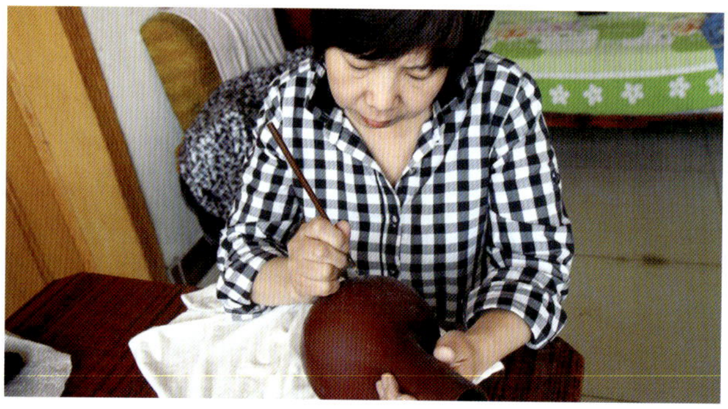
彩绘

贴金

生产场景

工作车间

珐琅制作技艺

廊坊市大厂回族自治县

FALANG ZHIZUO JIYI

LANGFANGSHI DACHANG HUIZU ZIZHIXIAN

河北历史文化遗存档案表
（非物质文化遗产类）

档案号：HFG0016　　　　建档时间：2020 年 11 月

编号	项目	内容
1	名称	珐琅制作技艺
2	项目级别	省级非物质文化遗产
3	项目简介	珐琅制作技艺又称金属胎综合工艺珐琅，即将多种加工技艺和珐琅釉综合施于金属胎上进行的掐丝珐琅，具有悠久的历史。珐琅制作技艺曾长期只被宫廷掌握，明代的二十四局、清代宫廷造办处的四十二作中都有珐琅作。现存的珐琅器以明宣德年间居多，这个时期珐琅器的工艺风格已基本形成，并接近成熟。明景泰年间，珐琅器得到了更大的发展，这个时期的制胎工艺已达到了相当高的水平，胎型有方有圆，并逐渐向实用性转化。到了清代，珐琅制作技艺的发展迎来了一个新的高峰
4	调研报告	1 份，包括简介、发展沿革、传承谱系、工艺特征、发展现状等内容，约 1900 字
5	传承人照片	1 张
6	代表作品照片	14 张
7	工艺流程照片	7 张
8	生产场景照片	5 张

调研报告

资料提供者

吴疆

报告撰写

田野

采集支持

河北省工艺美术协会

一、简介

珐琅制作技艺又称金属胎综合工艺珐琅，即将多种加工技艺和珐琅釉综合施于金属胎上进行的掐丝珐琅，具有悠久的历史。珐琅制作技艺曾长期只被宫廷掌握，明代的二十四局、清代宫廷造办处的四十二作中都有珐琅作。现存的珐琅器以明宣德年间居多，这个时期珐琅器的工艺风格已基本形成，并接近成熟。明景泰年间，珐琅器得到了更大的发展，这个时期的制胎工艺已达到了相当高的水平，胎型有方有圆，并逐渐向实用性转化。到了清代，珐琅制作技艺的发展迎来了一个新的高峰。

辛亥革命后，珐琅制作技艺在工业发展的刺激和实业救国浪潮的推动下，有了新的发展。20 世纪 30 年代中期，珐琅器的生产一度达到了近代历史的最高峰。然而随着抗日战争的全面爆发，连年的战乱使得我国的手工业经济逐渐萧条，广大手工业者的生活得不到保障，一些独特的传统技艺濒临灭绝。抗日战争胜利后，景泰蓝行业一度好转。新中国成立前，随着制作珐琅器的成本越来越高，导致珐琅器制作行业面临灭顶之灾。新中国成立后，在“保护、发展、提高”和“百花齐放、推陈出新”方针的指引下，古老的景泰蓝艺术重获新生。据 1946 年的调查显示，当时北京生产珐琅器的工厂有 30 余家。在这些工厂中，有专做细活的天新成等，也有专做粗活的老亨记、瑞祥生等。

二、发展沿革

关于珐琅制作技艺的历史渊源，既有源自中国本土的说法，也有源自外国的说法，至于珐琅制作技艺的产生时间，则更是众说纷纭。

珐琅制作技艺在明代时有了巨大的发展，这个时期的珐琅制作技艺分为錾胎珐琅和掐丝珐琅两种。到了明景泰年间，珐琅制作技艺迎来了发展的高潮，并得名景泰蓝，这一时期的珐琅器形成了浑厚有力、自然豪放、简朴典雅的风格。到了清代，珐琅制作技艺进一步发展，逐渐形成了鲜明、华丽、清秀、雅致的特点。清乾隆年间的珐琅器不仅在表现形式上非常多样，而且出现了掐、錾、嵌、镶并用的技法，代表了中国历史上铜胎掐丝珐琅工艺的最高成就，这种多工艺相结合所创作出来的制品统称为金属胎综合工艺珐琅，又称复合珐琅。

从清末到抗日战争全面爆发前的这段时间，是珐琅制作技艺发展的辉煌时期，这一时期从事珐琅器制作的人员非常多，且珐琅器的制作水平也非常高。当时北京的民间珐琅作坊招收了大量学徒，其中有很多来自河北省廊坊市大厂回族自治县。

抗日战争全面爆发后，日本侵略者占领北京，众多传统手工艺遭到了毁灭性的打击，很多珐琅手工艺人被掠作了华工，还有一些珐琅手工艺人返乡务农，大量的民间珐琅作坊纷纷倒闭。

三、传承谱系

第一代传承人：吴少亭。

吴少亭，祖籍廊坊市大厂回族自治县夏垫镇祁屯村，生于北京，15 岁时在北京的细工景泰蓝作坊——天新成里当学徒。新中国成立初期，由于制作珐琅器的成本越来越高，使得珐琅器制作行业很不景气，从业人员只有不到 60 人，吴少亭不得不返回祖籍务农。1960 年，由于对珐琅制作技艺的热爱，吴少亭组织从北京返乡务农的珐琅技师成立了夏垫镇第一家珐琅作坊，之后还招收了大量的本地年轻人当学徒，为本地珐琅制作技艺的传承培养了人才。

第二代传承人：钟连盛、吴春霖。

吴春霖，吴少亭之子。1987 年，吴春霖将珐琅作坊的技师进行整合，成立了大厂回族自治县春霖工艺美术厂，主要以生产难度更大、工艺更复杂的复合珐琅器为主。

第三代传承人：吴疆。

吴疆，吴春霖之子。吴疆从小就在工厂里耳濡目染，后来他开始学习金属胎综合工艺，学成后便开始全身心地投入珐琅制作技艺的学习和研发中，并于 2012 年拜中国工艺美术大师钟连盛为师。2019 年，吴疆成立了大厂回族自治县春霖景泰蓝艺术文化有限公司，致力于在传统复合珐琅器的基础上守正创新，加入更多符合当代潮流的文化元素，从而将复合珐琅制作技术更好地传承与发展下去。

四、工艺特征

复合珐琅器制作技艺又称金属胎综合工艺，即将多种加工技艺和珐琅釉综合施于金属胎上，这种工艺技法以复杂多样而闻名。复合珐琅器制作技艺是一种将两三种工艺融为一器的制作技艺，比如有以掐丝珐琅工艺和錾胎珐琅工艺相结合的珐琅器，有以画珐琅工艺和掐丝珐琅工艺相结合的珐琅器，有以画珐琅工艺、掐丝珐琅工艺和錾胎珐琅工艺相结合的珐琅器，珐琅制作技艺还可以与镶嵌宝石、錾花、垒丝等工艺结合应用。

五、发展现状

目前，在保护和传承方面，珐琅制作技艺面临的形势比较严峻。一方面，由于珐琅制作技艺集多种工艺于一身，制作流程复杂，对技师的从业要求较高，以至于从业人员较少，已出现后继无人的情况。另一方面，由于珐琅器的制作成本较高，加之社会民众对其的认知程度不够，导致出现了产品滞销、利润偏低的情况。与此同时，相关企业无力培养学徒，且缺乏对珐琅制作技艺的宣传，使得珐琅器的产量有限，在工艺品市场所占的份额逐年降低，最终导致企业的经营和发展面临瓶颈。

传承人

吴疆

代表作品

航母山东舰舰徽

乾清宫十件套

《家园》

《家园》局部图

《清明上河图》

景泰蓝华灯

纸巾盒四件套

凤香炉

盛世和平樽正面

盛世和平樽背面

盛世和平樽侧面

盛世和平樽局部图

永泰樽正面

永泰樽背面

工艺流程

设计

锤胎

烧焊

掰丝

掐丝

点蓝

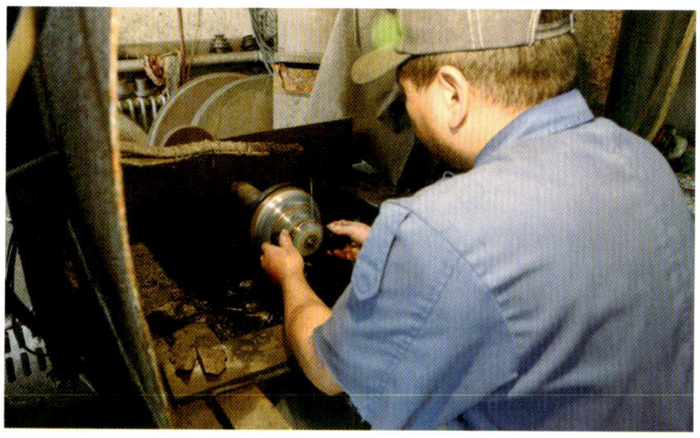

磨光

生产场景

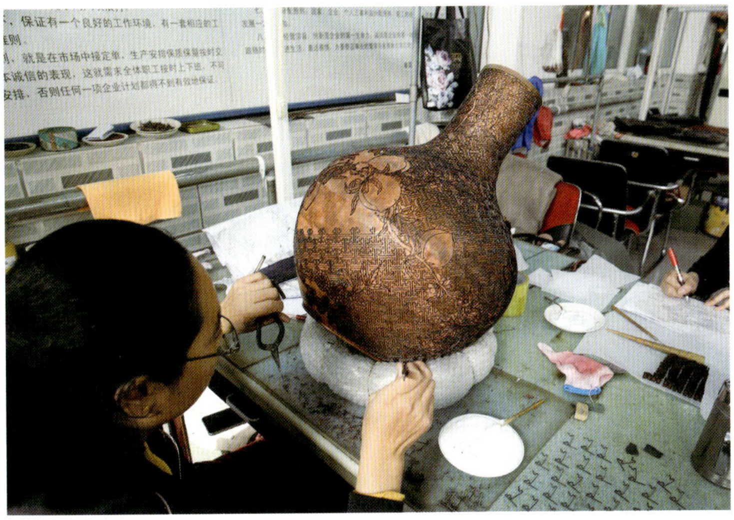

生产场景

玉雕

廊坊市霸州市

YUDIAO

LANGFANGSHI BAZHOUSHI

河北历史文化遗存档案表
（非物质文化遗产类）

档案号：HFG0017　　　　建档时间：2020 年 11 月

编号	项目	内容
1	名称	玉雕
2	项目级别	市级非物质文化遗产
3	项目简介	玉雕是将不同形状和颜色的玉石通过开料、设计、开坯、细琢、打磨、抛光等工序进行艺术加工，从而达到理想的艺术效果。制作玉雕的工艺非常复杂，在制作过程中，需要根据不同玉料的天然颜色和自然形状，经过精心设计、反复琢磨，才能把玉石雕制成精美的工艺品。玉雕作品主要包括挂件、摆件、山子、花插、插屏、如意、人物、动物等
4	调研报告	1 份，包括简介、发展沿革、工艺特征、发展现状等内容，约 1600 字
5	传承人照片	1 张
6	代表作品照片	6 张
7	工艺流程照片	5 张

调研报告

资料提供者

孙青

报告撰写

王婧怡

采集支持

河北省工艺美术协会

一、简介

玉雕是将不同形状和颜色的玉石通过开料、设计、开坯、细琢、打磨、抛光等工序进行艺术加工，从而达到理想的艺术效果。制作玉雕的工艺非常复杂，在制作过程中，需要根据不同玉料的天然颜色和自然形状，经过精心设计、反复琢磨，才能把玉石雕刻成精美的工艺品。玉雕作品主要包括挂件、摆件、山子、花插、插屏、如意、人物、动物等。

二、发展沿革

玉雕是中国独有的技艺，具有悠久的发展历史和鲜明的时代特征，不同时期的玉雕作品有着不同的造型与特色。

新石器时代，在郑州大河村仰韶文化遗址曾出土过两枚绿松石鱼形饰物；在新沂市一带曾出土过绿松坠、绿松石蝉、绿松石蛙等工艺品；在河南安阳殷墟遗址曾出土过硝玉、绿松石、玛瑙等饰品。这一时期的玉雕主要以生产工具为主，包括玉斧、玉铲、玉刀等，还有以岫岩玉为主要原料的玉璧、玉璜、玉珏、玉珠等。

商周时期，祭天玉璧、祭地玉琮、传令玉圭、封官爵玉佩纷纷出现，还曾出土过商代的玉鸟佩、人首佩、人洛佩等。玉璜是一种弓形的礼仪性挂饰，春秋战国时期的玉璜造型优美，曾出土过春秋白玉龙纹璜、战国黄玉龙首璜等。

汉唐时期是玉饰的盛行期，曾出土过西汉时期的金缕玉衣，1970 年曾在陕西的何家村出土过一件唐代的兽首玛瑙杯。

宋元时期，玉雕技艺有了质的飞跃，宫廷中设有玉院，在雕刻技法上已出现了浅磨深琢、浮雕圆刻。福建的寿山石在南宋时已被大规模开采，到元代时价值倍增，并成为玉雕的主要原料。

明清时期是玉雕技艺的鼎盛期，据《天工开物》记载：“良玉虽集京师，工妙则推苏郡。”明代的苏州玉雕艺人陆子冈最为有名，他不仅发展了刀刻法，创造了连环会等制作工艺，还创作了大量集阴阳浮雕于一体的玉雕作品，极受朝廷的赏识，一时间仿者不断。清代时，玉雕技艺迎来了发展的高峰，在宫廷设有玉器造办处，主要负责督办玉料，当时宫廷中的御用玉器极多。

近现代的玉雕作品集历史文化之大成，同

时涌现出了很多优秀的玉雕大师，如一带玉器宗师潘秉衡，他的作品种类繁多、工艺精湛，被称为“东方瑰宝”，代表作品有《珊瑚黛玉戏鹦鹉》《俏色玛瑙嵌宝蚌佛》《珊瑚六臂佛锁蛟龙》等；又如玉雕“怪杰”王树森，他的作品有三绝，一是艺术精品，二是善用俏色，三是思路广泛，代表作品有《珊瑚观音普度》等。

三、工艺特征

玉雕的玉石原料需要具备3个条件，即美丽、稀少、稳定。目前市场上经常使用的玉石原料有几十种，常见的有以缅甸翡翠为代表的硬玉，以新疆白玉、碧玉为代表的软玉，以及玛瑙、孔雀石、青金石、独山玉、密玉、东陵玉、芙蓉玉、虎玉、紫水晶、白水晶、黄水晶、桃花玉、岫玉、兰纹玉、澳玉等，还有生物玉石，如珊瑚、欧泊等。

玉雕作品的工艺特征可以概括为10个方面，即因料施艺、剜脏去绺、化瑕为瑜、废料巧用、俏色巧用、浮雕、圆雕、透雕、内雕、螺纹组合。

四、发展现状

玉雕技艺在廊坊的永清、安次、香河、霸州等地均有传承，其中霸州市的孙青是比较有代表性的传承人之一。

1987年，孙青开始学习木雕，并拜天津特艺厂的退休艺人杨贵森为师；1988年，孙青进入天津特艺厂进修；1991年，孙青跟随孙山、郝顺祥学习玉雕，后来几个人共同经营起了一家个体工艺品厂；1997年，孙青成立了自己的玉雕工作室。为了提高玉雕技艺，孙青虚心向天津特艺厂和北京玉雕厂的老艺人们学习请教，通过老艺人们的口传心授，他掌握了不少失传的技艺，后来他又把玉雕和木雕的技艺融会贯通，进一步提高了自己的玉雕技艺。如今，孙青每年都要抽出一些时间到南方进行考察，学习南方玉雕艺人的雕刻、打磨、抛光等技艺，回来后再把南、北方的玉雕技艺融合在一起，从而逐渐形成自己的风格。2019年，由孙青设计，孙青、孙鹏飞共同创作的《青金石秋山行旅图山子》，在第二十届中国工艺美术大师作品暨手工艺术精品博览会上荣获2019“百花杯”中国工艺美术精品奖、金奖。

传承人

孙青

代表作品

代表作品

代表作品

代表作品

代表作品

代表作品

代表作品

工艺流程

开料

开小料

雕刻

打磨

抛光